중학생
토론학교

교육과 청소년

중학생 토론학교
교육과 청소년

한국철학교육연구원 지음

우리학교

● 중학생 토론 학교에 오신 것을 환영합니다

토론은 세상에 던져진 커다란 질문에 나만의 답을 찾아가는 과정입니다.

나는 어떤 사람일까? 좋은 세상은 어떤 모습이어야 할까?

차근차근 두근두근 내 입장을 발견해 가는 과정입니다.

어디선가 들었던 말, 인터넷의 조각 지식들만으론 어렵습니다.

참고서의 정답과 해설을 외우는 것도 별 도움이 되지 않습니다.

이제 토론학교에서 내 힘으로 생각하는 법,

내 목소리로 말하는 법을 배워 봅시다.

스스로의 힘으로 결론을 내려 나만의 입장을 찾아봅시다.

내 입장을 찾다 보면 다른 사람의 생각에도 귀 기울이게 됩니다.

이기려고만 하는 토론, 갈등의 골이 더 깊어지는 토론이 아니라

상대방을 배려하고 존중하는 토론,

문제를 함께 해결해나가는 토론이 시작됩니다.

토론은 모두가 이기는 유쾌한 싸움입니다.

토론은 정답을 찾는 공부가 아니라 질문을 던지는 공부입니다.

틀려도 괜찮습니다.

여러분의 생각을 말해 보세요.

● 책머리에

"아⋯⋯, 학교 가기 싫다!"

방학이 끝나갈 무렵이면 여러분 입에서 튀어나오는 한숨 섞인 말이 들리는 듯합니다. 아무리 학교생활에 잘 적응하고 있는 친구들이라도 한 번쯤은 이런 생각을 했겠지요? 왜 우리는 개학해서 다시 학교에 가는 것이 어쩐지 싫고, 두렵기까지 한 걸까요? 방학이라 그동안 만날 수 없었던 친구들과 선생님이 보고 싶고, 운동장이며 교실이며 학교 풍경들이 그리워야 할 텐데 말이에요.

여러분은 혹시 하루 중 대부분의 시간을 보내고 있는 '학교'에 대해서 진지하게 생각해 본 적이 있나요? 여러분이 매일매일 나누는 이야깃거리의 상당 부분은 공부며 시험이며 선생님이며 모두 학교에 관한 것들인데도, 이런 가장 가깝고도 중요한 문제들에 대해 깊이 있게 고민해 본 적은 별로 없을 거예요.

여러분은 학교에 다니고 공부를 하면서 어떤 문제나 의문에 부딪힐 때마다 어떻게 했나요? 그저 어른들이 하는 말에 아무 생각 없이 따르거나 또는 무조건 반대만 하거나, 아니면 그때그때 기분에 따라, 혹은 친한 친구들이 주장하는 대로 들쑥날쑥 생각하고 제멋대로 행동하지는 않았나요? 하지만 이제 여러분 주변을 둘러싸고 있는 여러 가지 문제에 대해 도대체 무엇이 어떻게 왜 우리를 불편하게 만들고 있는지 곰곰이 생각해 볼 때입니다.

학교는 왜 다녀야 하지? 다니지 않으면 어떻게 될까?

왜 정해 준 교과목대로만 공부해야 하지? 하고 싶은 과목만 공부하면 안 될까?

학교에서는 시험 점수가 왜 그렇게 중요할까? 점수로 경쟁하는 게 꼭 필요할까?

선생님이 친구가 될 수 있을까? 어떤 선생님이 정말 좋은 선생님일까?

왜 여학생과 남학생을 합반하기도 하고 분반하기도 하는 걸까?

학교에는 왜 우리를 통제하는 생활 지도가 있는 걸까? 없으면 어떻게 될까?

학교에서 폭력을 막을 수는 없을까? 왜 폭력이 일어나는 걸까?

이 책은 이런 물음들을 마음속에 한 번이라도 품어 보았을 중학생 친구들을 위해 만들어졌습니다. 물론 책 속의 물음들은 여러분이 학교에 던지는 물음 중에 극히 일부분일 거라고 생각해요. 더 진지하고 깊은 고민을 하는 친구들도 많겠지요. 대한민국에서 중학생으로 산다는 일에 대해 정말로 다양한 생각들이 있을 것입니다. 이 책은 바로 그 생각들을 다듬고 벼릴 수 있도록 '토론' 형식으로 만들어졌습니다. 서로 다른 입장이 부딪히다 보면 문제가 더욱 선명히 드러나는 법이니까요.

친구들과 함께, 또는 혼자서 여러분이 직접 찬성과 반대의 입장이 되어 글을 읽고 토론해 보세요. 나와 학교를 둘러싼 문제들에는 어떤 어떤 다른 의견들이 있는지, 다르게 생각하는 사람들은 어떤 근거로 왜 서로 다른 생각을 하는지 차근차근 살피다 보면 여러분만의 생각을 발견하는 데 큰 도움이 될 것입니다.

이 책은 학교 안과 학교 밖에서 철학을 가르치고 공부하는 철학자 선생님들이 함께 모여 오랫동안 머리를 맞대고 토론하며 만들었답니다. 책을 만든 사람으로서 바람이 있다면, 이 책을 통해 여러분들이 전에 없던 생각의 도구를 갖게 되는 일입니다. 책 속에는 많은 철학적 물음들이 숨어 있습니다. 여러분들은 이 책을 읽으며 시험, 공부, 학교 폭력 등 지금 여러분이 던지는 물음들 너머 더 중요하고 근원적인 철학적 물음들을 발견하게 될 거예요.

예를 들어 볼까요? 여러분은 처음엔 무조건 학교 가기 싫다는 막연한 불편함으로 책을 읽기 시작했을 것입니다. 하지만 책을 읽어 나가다 보면 그 불편함은 '학교란 무엇일까?'라는 질문을 던져야 해결될 수 있다는 사실을 알게 되지요. 그리고 학교에 대해 서로 다른 입장이 부딪히는 토론을 거치다 보면 내 입장과 나만의 생각이 떠오를 것입니다. 그러다 보면 단순히 '학교가 싫다, 좋다.'라는 생각을 넘어 지금 내게 학교가 어떤 의미인지, 내게 맞는 학교는 어떤 모습인지, 앞으로 나는 어떤 마음으로 학교에 다녀야 할지 생각하게 될 거예요. 여러분은 어느새 여러분의 삶과 미래에 대해 더 큰 물음을 묻게 되는 거지요.

건강한 몸을 위해 날마다 운동하는 것이 중요한 것처럼, 건강한 생각을 위해 날마다 생각의 근육을 움직이세요. 생각의 실마리들을 하나하나 엮어 가다 보면 신기하게도 불편하고 짜증나기만 했던 문제들이 더 이상 나를 괴롭히지 않는다는 걸 알게 될 것입니다. 그리고 어떤 어려운 문제가 닥쳐도 멋지고 훌륭한 생각을 해낼 수 있을 것입니다. 이 책을 통해 생각이 더 깊어지고 시야가 더 넓어져 학교에서 마주치는 모든 구체적인 물음들에 철학적으로 접근할 수 있는 통로가 여러분 앞에 활짝 열리기를 진심으로 바랍니다.

대한민국에서 중학생으로 산다는 일이 쉽지만은 않을 거예요. 시험, 생활 지도, 학교 폭력 같은 문제들이 몇 번의 토론만으로 당장 어떤 해결책이 마련되지 않는다는 것도 잘 알고 있답니다. 학교와 공부에 대해 여러분만의 입장을 정한다 해도 여러분을 둘러싼 환경이 하루아침에 바뀌지 않는다는 것도요. 하지만 잊지 마세요. 오늘도 여러분과 함께 학교와 교육을 고민하는 친구들과 선생님, 부모님이 곁에 있고, 이 책을 쓴 철학자 선생님들처럼 늘 학교와 여러분을 지켜보고 응원하는 많은 사람들이 있다는 사실을 말이에요.

2012년 가을의 문턱에서
이 책을 만든 사람들을 대표하여, 이지애

차례

01

학교를
꼭 다녀야 할까?

●●● '개 같은 철학자'라 불렸던 그리스의 디오게네스는 자신을 찾아온 알렉산더 대왕을 향해 햇볕 좀 가리지 말고 비키라고 요구합니다. 그에겐 알렉산더의 유럽이나 인도보다, 세계 제패의 위업보다 따뜻한 햇볕 한 조각이 더 가치가 있었기 때문이지요. 지금 학교는 우리가 알 렉산더가 되도록 요구합니다. 하지만 우리가 진짜로 필요로 하는 것은 한 조각의 따뜻한 햇볕 일지도 모릅니다. 학교 안과 학교 밖, 우리는 어디에서 햇볕 한 조각을 만날 수 있을까요? 학교 를 꼭 다녀야 할까요?

그래,
학교는 당연히 다녀야 해

아니야,
학교를 꼭 다닐 필요는 없어

학교는 사람이 태어나 제일 먼저 몸담게 되는 공적 기관이지요. 인간으로서 제 역할을 다하려면 꼭 거쳐야 하는 과정으로 여겨지고요. 그런데 역사 속 인물 중엔 학교를 제대로 다니지 않은 사람들이 많습니다. 이들을 만나 학교 밖과 학교 안, 어느 곳이 우리에게 더 큰 가르침을 주는지 들어 볼까요?

안녕하십니까? 타임머신 인터뷰 시간입니다. 흔히 역사 속 훌륭한 인물들은 남보다 더 좋은 학교를 나오고 교육도 많이 받았을 거라 생각하기 쉽지요. 오늘은 반대로 학교를 제대로 다니지 않고 성공한 분들을 모셔 보겠습니다. 먼저 노예 해방 선언을 했던 미국의 에이브러햄 링컨 대통령과 미국 최고의 부자이자 사업가였던 앤드류 카네기 씨를 만나보겠습니다.

저희 집은 아주 가난해서 학교를 다닐 형편이 못 되었지요. 아버지도 겨우 당신의 이름만 쓸 정도로 못 배우신 분이셨고요. 하지만 부모님은 제게 글을 가르쳐 주시고 늘 이야기를 들려 주시고 제가 책 속에 묻혀 살 수 있도록 도와주셨죠. 부모님이 바로 최고의 선생님이었습니다.

초등학교를 다니긴 했지만 가난으로 따지면 제가 링컨 대통령보다 더할 겁니다. 저는 인생의 지혜와 교훈을 학교 밖 사회에서 직접 몸으로 부딪혀 가며 배웠습니다. 어린 나이에 교실이 아니라 현장에서 부딪히며 배운 지식은 저에게 황금과 같은 것들이었죠.

발명왕 에디슨 씨도 바쁘신데 나와 주셨습니다. 에디슨 씨는 끝없는 질문으로 수업을 방해해 문제아, 지진아라는 소리까지 듣고 결국 입학한 지 세 달 만에 학교를 그만두었다면서요?

저는 다 알다시피 초등학교에서도 쫓겨났지요. 하지만 그게 오히려 행운이었다고 생각합니다. 비록 학교가 저를 버리긴 했지만 저의 탐구심과 호기심은 오히려 학교를 벗어남으로써 완성될 수 있었던 것 같습니다. 만일 제가 학교를 계속 다녔다면 아마 그렇게 많은 발명을 하지 못했을 것입니다.

그렇군요. 다음으로 귀여운 토끼 캐릭터 피터 래빗을 만들어 낸 영국의 작가 베아트릭스 포터 씨와 한국의 대기업인 현대그룹의 창업자 정주영 씨를 차례로 만나 볼까요?

제가 어렸을 때는 여자가 학교 다니는 일이 많지 않았습니다. 그래서 학교를 다니지 않고 집에서 배웠지만 에디슨 선생님과 마찬가지로 그 덕에 오히려 저의 창의력이 손상되지 않고 지켜졌다고 생각합니다. 그건 제게 정말 큰 행운이었죠. 덕분에 피터 래빗은 태어난 지 백 년이 넘었지만 여전히 인기를 누리고 있답니다.

난 초등학교만 나왔어요. 하지만 산업 현장에서 많은 걸 배웠죠. 특히 불굴의 투지와 불도저 같은 추진력은 어린 시절의 고생이 만들어준 것이라고 생각해요. 학교에선 그런 걸 배우지 못하지요. 그 추진력으로 통일 소 떼 1001마리를 몰고 북한도 방문했거든요.

여러 선생님들의 말씀을 들어 보니 학교보다는 학교 밖에서 더 큰 가르침을 얻을 수 있는 것 같습니다. 그렇다면 선생님들의 경험을 바탕으로 자녀 교육은 어떻게 하고 계신가요? 제 짐작엔 자신의 경험을 바탕으로 학교엔 보내지 않으셨을 것 같은데, 정말 그런가요?

(이구동성으로) 아니! 무슨 소리를 하는 겁니까? 학교는 당연히 보내야지요! 자식에겐 최고의 교육을 시켜 줄 겁니다!

그래!
학교는 당연히 다녀야 해

학교는 아무나 갈 수 있다고?

평일 오전 9시부터 오후 1시 정도까지, 길거리에서 보기 힘든 사람들이 있습니다. 여덟 살부터 열아홉 살 사이의 어린이와 청소년들이지요. 다른 나이 대의 사람들이 다양한 장소에서 다양한 일을 하며 시간을 보내는 것과 달리, 이들은 '학생'이라는 같은 이름으로 '학교'라는 같은 장소에서 '공부'라는 같은 일을 합니다. 어떤 사정이 있어 이 시간에 길거리를 돌아다니는 어린이나 청소년은 어른들의 심상치 않은 눈초리를 느끼게 되지요. 바로 "넌 학교 안 가고 뭐하고 있니?"라고 다그쳐 묻는 시선입니다. 그런데 지금은 너무나 당연해 보이는 이런 풍경이 사실은 그렇게 오래된 풍경이 아니라는 사실을 알고 있나요?

물론 학교의 역사는 인류 역사에 버금갈 정도로 오래되었지요. 고대 중국에서는 지금으로부터 3천 년 전인 은나라 때 이미 학교 제도가 만들어졌고 우리나라에서도 고구려 소수림왕 때 태학이 세워졌으니까요.

철학자 플라톤이 세운 서양 최초의 학교인 아카데미아도 기원전 387년에 이미 철학, 수학, 정치학 등을 가르쳤습니다. 학교의 역사가 이처럼 오래된 것은 가르치고 배우는 장소인 학교가 인류에게 꼭 필요했기 때문입니다.

그러나 불과 백 년 전만 하더라도 학교는 아무나 다닐 수 있는 곳이 아니었습니다. 수천 년 동안 학교는 귀족이나 부유한 사람처럼 특권층에게만 열려 있었지요. 오늘날처럼 누구나 학교에 다닐 수 있게 되기까지, 학교에 다닐 권리가 법으로 보장되기까지 많은 사람들의 땀과 노력이 필요했습니다. 어린이 교육으로 유명한 마리아 몬테소리는 1870년

로렌티우스 볼토리나, 〈학교 수업〉, 1355
학교는 원래 귀족이나 부유한 성인 남성을 위한 곳이었다.

이탈리아에서 태어났습니다. 몬테소리는 의사가 되고 싶었지만 여자라는 이유만으로 의과대학에 입학하지 못했습니다. 하지만 이에 굴하지 않고 국왕과 교황에게 여러 번 탄원한 끝에 마침내 학교에 입학해 이탈리아 최초의 여의사가 되었습니다. 이처럼 학교에 다닐 권리는 행복을 추구할 권리나 투표할 권리처럼 평범한 사람들이 끊임없이 싸우고 노력한 끝에 얻어낸 소중한 결과입니다.

소수의 특권층을 위한 장소였던 학교는 이제 누구나 배우고 공부할 수 있는 곳이 되었습니다. 물론 학교를 다닐 수 있는 기본적인 능력이 있나 없나 입학시험을 통해 확인하기도 하지만 그것은 나이나 성별, 신분이나 재산 같은 것들과 아무런 상관이 없습니다. 더구나 우리나라만 보더라도 초등학교, 중학교를 의무교육으로 정해 국민 누구나 최소한의 교육을 받도록 법으로 정해 놓고 있습니다.

지금도 아시아나 아프리카의 가난한 나라 어린이들은 학교에 다니고 싶어도 다니지 못합니다. 이슬람 국가의 여자 아이들은 종교적인 이유로 학교를 자유롭게 다니지 못하기도 하지요. 학교에 다니는 일은 자유롭고 평등하게 교육받을 권리를 누리는 소중한 기회이자 우리의 의무인 것입니다.

거친 돌을 빛나는 보석으로 만드는 곳, 학교

많은 사람들의 노력으로 학교는 귀족이 아닌 사람, 가난한 사람, 그리고 여성과 어린이들을 받아들이기 시작했습니다. 게다가 사회가 계속 발전하면서 지식과 기술을 가진 사람들이 점점 더 많이 필요하게 되자, 학교는 모든 사람들에게 그 문을 활짝 열어젖혔습니다.

19세기로 접어들면서 인류는 새로운 시대를 맞이했습니다. 시민 혁명을 통해 민주주의가 확대되고, 과학 혁명과 산업 혁명을 통해 과학 기술이 발달하기 시작하면서 인류는 이전과는 전혀 다른 삶을 살게 되었지요. 학교는 수많은 사람들을 받아들여 기계를 다루고 물건을 사고팔며 정치에 참여할 수 있도록 가르쳤습니다. 새로운 세상에 걸맞은 새로운 시민들을 길러 내기 시작한 것입니다. 학교야말로 이런 일을 하기에 정말로 꼭 맞는 장소였습니다. 왜냐면 학교는 '교육'이 이루어지는 곳이기 때문입니다.

'교육'의 의미를 풀어 보면 동양과 서양이 조금 다릅니다. 한자의 '교육敎育'에서 '교敎'는 '매를 가지고 아이를 길들인다.'는 뜻이고 '육育'은 '갓 태어난 아이를 살찌게 한다.'는 뜻으로, 동양의 교육이란 사람을 기르고 길들이는 일을 가리킵니다. 이에 반해 영어의 '에듀케이션education'은 '빼내다', '끌어올리다'라는 뜻으로 미성숙한 사람의 내면에 잠재되어 있는 능력을 계발하는 과정을 가리키지요.

그러나 이 두 가지 뜻 모두가 다 교육의 중요한 요소들입니다. 결국 교육이란 거친 돌을 갈아 빛나는 보석으로 만들 듯 아직 다듬어지지 않은 인간의 숨겨진 가능성을 끌어내 사회에 꼭 필요한 사람으로 길러 내는 일입니다. 학교는 바로 이런 일을 전문적으로 해내기 위해 만들어진 기관입니다.

과학 혁명은 인류가 그동안 갖고 있던 세상에 대한 생각을 완전히 뒤집은 사건이다. 코페르니쿠스의 지동설은 지구 중심의 우주관을 무너뜨렸고, 갈릴레이와 뉴턴의 수학적 증명과 실험이 "땅은 돌의 고향이기 때문에 빨리 가고 싶어서 점점 빨리 떨어진다."라는 등 말도 안 되는 과학적 지식을 깨뜨렸다. 산업 혁명은 철도와 기계를 만들고 석탄으로 기차와 공장을 움직여 농업과 목축업 중심의 사회를 산업 사회로 바꾸어 버린 사건이다. 시민 혁명은 인간은 모두 자유롭고 평등하다고 주장하며 왕과 귀족을 몰아내고 낡은 사회 질서를 무너뜨려 버린 사건이다. 세 개의 혁명은 지금 우리가 사는 세상의 모습을 만들어 냈다.

학교가 우리에게 주는 것들

요즘 들어 학교가 제 역할을 못한다고 말하며 학교를 떠나는 사람들이 늘고 있습니다. 학교 밖에서 배움을 찾겠다며 '탈학교'나 '홈스쿨링'을 외치기도 합니다. 물론 학교 폭력이나 사교육 문제 등 지금의 학교가 많은 어려움을 안고 있는 것은 사실입니다. 하지만 그렇다고 해서 학교를 거부하는 일이 과연 올바른 선택일까요? 학교의 장점을 몇 가지만 꼽아 봐도 우리는 금방 그 답을 알 수 있습니다.

첫째, 학교는 가장 효과적으로 가르치고 배울 수 있는 곳입니다. 학교가 생기기 전, 교육은 집이나 작업장에서 주로 이루어졌습니다. 제대로 된 교과서나 전문적인 교육 방법 대신 부모나 선배가 불완전한 경험과 기억에 의존해 주먹구구식으로 지식과 기술을 전달했지요. 학교 덕

이해문, 〈공부하는 소녀〉, 1957
가르치는 일과 배우는 일에만 집중할 수 있는 것은 학교의 장점이다.

분에 우리는 전문가인 교사들과 함께 가르침과 배움에만 집중할 수 있는 것입니다. 우리는 학교 덕분에 체계적이고 전문적인 교육을 받을 수 있지요.

둘째, 학교는 소중한 사회화 기관입니다. 학교는 어린이나 청소년이 가정이나 다른 곳에서 접하기 힘든 거대한 공동체입니다. 학교에서 학생들은 학급의 임원을 맡아 리더의 역할을 연습합니다. 대표나 임원이 되지 않더라도 공동체 속에서 개인이 어떤 역할을 해야 하는지 배울 수 있습니다. 또 모둠을 이루어 프로젝트를 하면서 팀의 실패와 성공을 경험하지요. 무엇보다 공동체의 규칙과 질서를 지키는 일이 왜 필요한지, 개인의 책임과 의무를 다하는 일이 왜 중요한지 자연스럽게 깨닫게 됩니다.

학교가 아니라면 어디서 이런 것들을 경험할 수 있을까요? 우리는 학교에서 공동체의 건강한 구성원이 되기 위해 필요한 모든 것을 배우고 익힙니다. 사회화 기관으로서 학교의 역할은 다른 무엇도 대신해 줄 수 없는 학교만의 역할입니다. 인간의 가장 중요한 특징이 사회성이라는 점을 생각해 보면, 학교야말로 인간을 진짜 인간으로 만들어 주는 곳입니다. "학교는 인간을 만든다."라는 말이 결코 부풀려진 말이 아니라는 걸 알 수 있습니다.

셋째, 우리는 학교에서 가장 적은 비용으로 가장 질 좋은 교육을 받을 수 있습니다. 학교는 국가의 인재를 길러 내는 공식적인 기관이므로 상당히 많은 비용을 국가가 지불하기 때문입니다. 하지만 학교 밖에서 공부한다면 그 비용은 모두 개인이 부담해야 합니다. 지금도 학원이나 과외에 많은 비용을 지불하고 있는데, 학교에서 배울 내용마저 학교가 아닌 다른 곳에서 배운다면 얼마나 더 많은 돈을 내야 할까요? 학교를 떠나면 배움에 드는 비용이 커지는 것은 당연하겠지요. 학교가 있기에 부자든 가난한 사람이든 차별받지 않고 똑같은 교육을 받을 수 있는 것입니다.

넷째, 학교는 평생 함께할 소중한 친구를 만들어 줍니다. 학교는 교육을 위해 탄생했지만 단지 교육만이 학교의 전부가 아닙니다. 학생들에게 학교에 가고 싶은지 물으면 모두들 아니라고 대답할 것 같지만 대부분의 아이들이 "네!"라고 대답합니다. 학교가 아무리 우울하고 답답해 보여도 학교에 가야 친구들을 만날 수 있기 때문입니다. 같은 나이, 같은 동네에 사는 또래 친구들을 한데 모은 학교에서 우리는 자연스럽게 친구들을 만납니다. 어른들은 평생 함께할 친구를 학교에서 만났다고 말하지요. 한 사람의 인생에서 가장 소중한 친구를 하나라도 만들 수 있다면, 그것만으로도 학교를 가야 할 이유는 충분할 것입니다.

지금 학교가 망가지고 무너져 간다면 우리가 해야 할 일은 학교를 버리고 떠나는 일이 아니라 학교를 다시 살려 내는 일이어야 합니다. 가르치고 배우는 일은 우리에게 공기와 같습니다. 학교는 그러한 공기를 담고 있는 숲과 같지요. 공기가 오염되었다고 진공 상태를 찾아갈 수는 없습니다. 숲이 망가지고 공기가 오염되었다 해도 우리는 그 안에서 문제를 해결해야 합니다. 이것은 나 자신을 위한 일이지만 우리의 미래를 위한 일이기도 합니다. 교육이 소수의 특권층에만 열리고 돈이 없으면 좋은 교육은 꿈도 못 꾸는 세상은 우리가 이미 극복한 과거의 모습입니다. 그런 과거로 다시 돌아갈 수는 없겠죠. 그러니 학교는 당연히 다녀야 하지 않을까요?

아니야!
학교를 꼭 다닐 필요는 없어

사회는 더 이상 학교를 필요로 하지 않는다

학교를 뜻하는 영어인 '스쿨school'은 '여유', '한가한 시간'을 의미하는 라틴어 '스콜라schola'에 그 말의 뿌리가 있습니다. 우리는 여유롭고 한가한 시간 속에서 창의적이고 알맹이 있는 아이디어를 얻을 수 있지요. 각박한 생활 속에서 새로운 생각을 해내기란 쉬운 일이 아닙니다. 하지만 우리의 현실은 어떤가요? 학교에서 여유와 한가함을 느끼기는커녕 오히려 학교가 우리의 모든 여유를 빼앗아 가고 있습니다. 이런 상황에서 과연 창조적인 배움과 가르침이 가능할까요?

어른들은 강산이 10년마다 변한다고 말하지만 요즘 세상은 5년, 아니 1년마다 변합니다. 심지어는 자고 일어나면 변하기도 합니다. 시대가 바뀌면 교육도 바뀌고 학교도 바뀌어야 합니다. 하지만 지금 우리가 다니는 학교의 모습은 200년 전의 모습과 크게 다르지 않습니다.

물론 "인간을 만든다."는 학교의 목적은 변하지 않았습니다. 문제는

디에고 리베라, 〈디트로이트 산업〉 부분, 1932
학교는 물건을 찍어 내는 공장과 다를 바 없다.

어떤 인간을 만드느냐에 있습니다. 그렇다면 어떤 인간을 만들어야 할까요? 지금 학교는 똑같은 것을 가르쳐 똑같은 생각을 하는 획일화된 인간, 명령에 잘 따르는 수동적인 인간을 만들어 낼 뿐입니다. 19세기, 20세기에는 이런 인간이 필요했을지도 모릅니다. 하지만 21세기가 원하고 미래가 요구하는 인간은 자유롭고 창의적인 인간입니다. 그런데 지금의 학교는 오히려 개성적인 인간을 기르는 일을 방해하고 있지요. 학교가 변화의 흐름을 따라가지 못하기 때문입니다.

　20세기를 대표하는 표현은 '대량 생산 대량 소비'입니다. 산업 혁명 덕분에 손으로 만들던 물건들이 공장의 기계로 엄청나게 생산되었고 그렇게 생산된 제품들을 소비자에게 대량으로 판매할 수 있게 되었지요.

22

막 발전하기 시작한 산업 사회는 말 잘 듣고 시간을 잘 지키고 단순한 일을 열심히 반복할 수 있는 수많은 공장 노동자들이 필요했습니다. 학교도 여기에 맞춰 설계되었지요. 학급을 대규모로 편성하고 정해진 시간에 정해진 과목을 공부시키고 출석을 일일이 확인하면서 사람들을 가르쳤습니다. 학교도 공장처럼 움직여 온 것이지요.

하지만 지금 21세기의 모습은 학교가 처음 등장할 때와는 많이 다릅니다. 대량 생산 대량 소비로 모두가 똑같은 상품을 사서 쓰는 대신 남과 다른 개성을 추구하면서 다양한 상품을 원하는 사람들이 늘어나 공장은 이미 다품종 소량 생산 체제로 바뀌었습니다. 게다가 모두가 공장이나 회사에 출근해 아침 9시부터 저녁 6시까지 일하는 대신 자신이 원하는 시간에 집에서 인터넷으로 일할 수 있는 세상이 되었지요. 물리적 시간과 공간이 무의미해진 것입니다.

또 많은 지식을 암기하고 생산하는 사람이 성공하는 세상이 아니라 이미 있는 지식을 쓸모 있게 짜 맞추고 조합하는 사람이 성공하는 세상입니다. 스티브 잡스가 유명해진 것은 새로운 지식을 만들어 냈기 때문이 아니라 사람들의 요구를 읽어 내 넘쳐나는 지식을 하나로 통합하는 방법을 고안해 냈기 때문입니다.

과학 혁명과 산업 혁명, 민주주의와 자본주의의 발달이 지금의 학교를 낳았지만, 인터넷과 정보 기술이 발달하고 지구 전체가 하나의 나라인 듯 자유롭게 오가는 세계화 시대는 새로운 학교의 탄생을 요구하고 있습니다.

그러나 지금 학교의 모습은 어떤가요? 아직도 한물간 공장 따라 하기에서 벗어나지 못하고 있습니다. 자유로운 상상력과 창조적인 생각들은 오히려 학교를 벗어나야 만날 수 있는 상황이지요.

얻는 것 보다 잃는 것이 더 많은, 학교

지금 학교는 예전의 모습만 고집하며 부작용만 점점 더 키우고 있습니다. 공장에서 똑같은 제품을 찍어내듯 똑같은 지식을 주입하고 마지막에 상표를 붙이고 물건을 포장하듯 대학이라는 마지막 상표를 얻기 위해 기계적으로 답 찾기에만 매달립니다.

시험은 답이 딱 떨어지는 문제, 숫자로 바꿀 수 있는 문제들로만 출제됩니다. 그러다 보니 진짜 배워야 할 내용들은 생략되고 단순화되고 쪼개진 채 학생들은 의미도 모르는 지식을 꾸역꾸역 암기만 해야 합니다. 원래 시험은 교육을 위한 수단이었지만 학교는 거꾸로 시험을 위한 교육, 대학 입시를 위한 교육을 하게 된 것입니다. 학교는 대학 입시를 위한 공장이며, 학생은 공장에서 찍어낸 규격품과 다를 바가 없습니다. 학교 교육은 차라리 재앙이 되어 버린 것입니다.

학교의 부작용은 이뿐만이 아닙니다. 사람들은 아직 성인이 되지 않은 어린이와 청소년을 학교에서 보호해야 한다고 말합니다. 뉴스에 심각한 청소년 문제가 보도되면 학교에서 더 열심히 학생들을 교육해야 한다고 목소리를 높이지요. 그러나 학생이 원래 미성숙하고 불안한 존재라서 청소년 문제가 발생하는 걸까요? 그렇지 않습니다. 성적에 따라 등수를 매겨 점수가 나오지 않으면 공장에서 불량품 다루듯 학생들을 무시하는 학교를 떠올려 보세요. 꽉 짜인 일과와 엄격한 규율로 학생들을 꼼짝 못하게 만드는 학교야말로 폭력적인 곳이 아닐까요? 이런 학교에서 학생들이 창의성과 자존감을 기를 수 있을까요?

문제는 교육받지 못한 학생에게 있는 것이 아니라 잘못된 학교 교육 시스템에 있습니다. 실제로 미국의 문화인류학자 마거릿 미드는 자신의 책 『사모아의 청소년』에서 청소년들이 반항하고 방황하는 것은 인간이

미국의 정보 통신 기업 '구글'의 창의적이고 자유로운 사무실 풍경. 학교는 사회가 필요로 하는 창의적 인재를 길러 내지 못하고 있다.

본래 가진 특징이 아니라 사회가 만들어 낸 것이라고 말합니다. 그런데도 많은 사람들은 교육이 부족했기 때문에 청소년들이 반항하고 방황한다고 말하며 오직 교육을 강화하는 것만이 이를 개선할 수 있다고 생각합니다. 하지만 이는 문제의 원인과 결과를 거꾸로 파악한 오류일 뿐입니다. 청소년 문제의 많은 부분들은 교육이 부족했기 때문이 아니라, 잘못된 교육 시스템 때문이지요.

더구나 학교는 이제 더 이상 효율적인 교육 기관도 아닙니다. 의무 교육이 시작되기 전 단 2퍼센트에 불과하던 미국 메사추세츠 주의 문맹률은 아이들이 학교에서 수업을 받기 시작한 후부터 1990년까지 줄곧 9퍼센트라는 높은 수치를 보였습니다. 학교에 다닌 덕분에 알파벳조차 읽지 못하게 된 것이죠. 저마다 다른 재능을 타고난 학생들을 똑같은 방식과 똑같은 속도로 가르치는 학교가 학생들에게 도움이 되지 않았던 것입니다.

학교에서 과목을 나누어 가르치는 방식도 마찬가지입니다. 요즘은 학문 간의 통합과 교류가 활발히 일어나고 있습니다. 나비 효과라는 말을 들어 보았지요? "브라질에 있는 나비의 날갯짓이 미국에 토네이도를 불러올 수 있다."는 나비 효과는 기상 관측을 바탕으로 한 물리학 이론이지만 작은 사건이 예측할 수 없는 큰 변화를 불러오는 사회 현상을 설명할 때도 자주 쓰입니다. 사회적인 문제를 생물학자들이 연구하고, 군중들의 행위를 설명하기 위해 물리학이 동원되는 세상이 된 것입니다. 하지만 학교의 교과목들은 여전히 200년 전의 방식대로 구분되고 획일화되어 있지요. 이런 지식을 가지고 학교 밖으로 나간다면 완전히 딴 세상을 만나 놀라게 될 것입니다.

학교는 삶과 분리되어서는 안 된다

우리는 아주 오랫동안 학교에 다니는 일을 너무나 당연한 것으로 여겼습니다. 마치 물과 공기처럼 학교를 우리 삶의 일부로 받아들였기 때문에 학교에 문제가 있다고 해도 학교를 떠나 다른 방법을 찾을 생각조차 못했던 것입니다.

하지만 교육이 원래부터 학교에서 이루어진 것은 아닙니다. 살아가는 데 필요한 다양한 정보와 기술, 삶의 지혜와 규범들은 그것들이 실제로 살아 움직이는 삶의 현장 속에서 전해졌습니다. 농사 기술은 논과 밭에서 농사꾼인 부모에게 배웠고, 물건을 교환하고 제값을 치르는 경제 원리는 시장에서 익혔습니다. 예의범절은 공동체의 어른들에게 배웠고

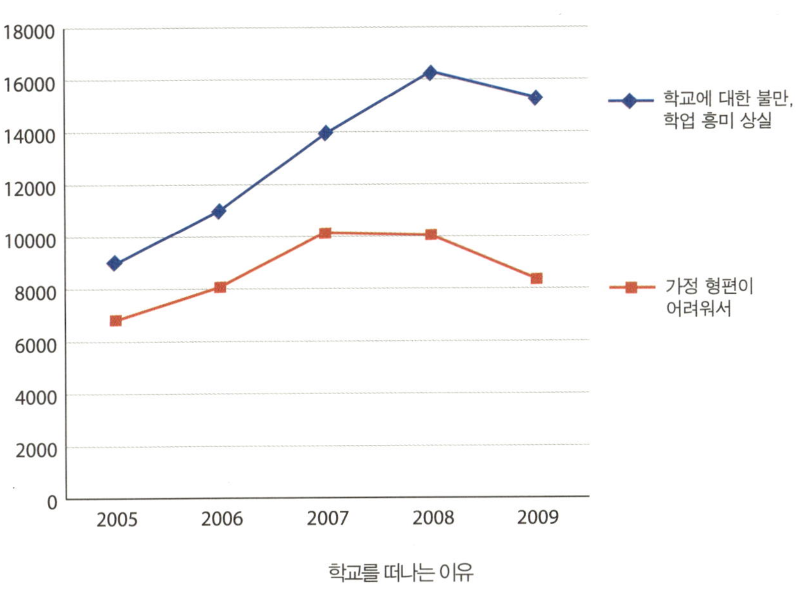

학교를 떠나는 이유

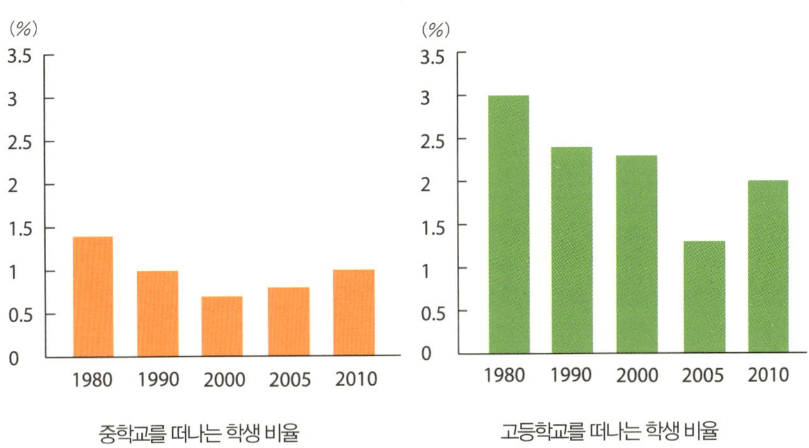

중학교를 떠나는 학생 비율　　　　고등학교를 떠나는 학생 비율

매년 초중고를 합쳐 6만 명 이상의 학생이 학교를 그만두는데 가정 형편보다 학교가 자신과 맞지 않아 학교를 떠나는 학생들이 더 많다.

먹고 입고 집 짓고 노래하고 춤추고 싸우는 모든 문화적 관습은 축제를 준비하고 전쟁을 치르며 자신이 사는 마을 안에서 배워 나갔습니다. 가르침과 배움이 삶 속에서 자연스럽게 일어났던 것입니다.

그러나 근대에 접어들면서 교육은 삶의 현장에서 분리되어 학교에 갇혀 버렸습니다. 사회가 발전하면서 일터에서 필요한 직업인을 한꺼번에 길러내기 위해 어린 학생들이 하루의 대부분을 학교에서 보내기 시작했기 때문입니다. 물론 소수 특권층만을 위해 존재하던 학교가 수많은 평범한 대중들에게 문을 활짝 연 것은 매우 의미 있는 일이었습니다. 학교 덕분에 자유롭고 평등한 교육의 기회가 모든 사람에게로 확대되었으니까요.

그럼에도 교육이 삶의 현장과 분리되는 바람에 우리는 소중한 것들을 잃어버렸습니다. 자기가 발 딛고 선 곳에서 온몸으로 느껴 가며 삶에 필요한 것들을 배우는 대신 마치 공장과 같은 거대한 학교에서 틀에 박힌 지식을 암기하게 되었지요.

오늘날 학교에서 배우는 많은 지식들은 실제 우리 삶에서 쓰이지 않습니다. 직업 현장에 있는 많은 전문가와 기술자들은 학교보다 현장에서 더 많은 것을 배웠다고 이구동성으로 말합니다. 백번 듣는 것보다 직접 한 번 보는 게 훨씬 더 낫다는 말처럼 교실에서 죽은 지식을 배우는 대신 학교 밖으로 나와 살아있는 경험을 해야 하지 않을까요?

학교 밖이 진짜 학교다

학교라는 틀을 벗어나면 주어진 진도, 수업 내용, 시간표 등에 맞춰 사는 게 아니라 모든 걸 스스로 꾸려 가야만 하겠죠. 평범한 삶을 벗어났다는 생각에 두렵기도 하고 책임감에 어깨가 무겁기도 할 것입니다. 하

박임순, 『세상이 학교다 여행이 공부다』(북노마드), 2011

지만 학교를 나와 집에서 공부하는 홈스쿨러를 넘어 길에서 삶을 배운다고 자신을 '로드스쿨러'라고 불러 달라는 한 청소년은 '무엇을' '어떻게' 공부할 것인지 스스로 선택하고 행동할 수 있기 때문에 무척 행복하다고 말합니다. 『다른 십대의 탄생』이라는 책을 쓴 김해완 양은 중학교를 졸업하고 고등학교에 가는 대신 철학 공부 모임에서 자신처럼 학교를 나온 십 대를 비롯해 아줌마, 대학생, 우체부, 교수님들과 함께 자신이 원하는 것을 공부하고 글을 쓰며 자유롭게 살아갑니다.

　영국의 전설적인 록그룹 비틀즈는 "내버려 두라는 말에 답이 있어. There will be an answer, Let it be."라고 노래했습니다. 중국의 철학자 노자는 틀에 박힌 배움은 거짓과 욕심만 불러올 뿐이니 쌓는 것보다 덜어내는 삶을 살아야 한다고 이야기했지요. 프랑스의 철학자 루소도 자연

상태에서 인간은 자유롭고 선량했지만 일부 사회 제도나 문화 때문에 사악하고 불행한 존재가 되었으므로 다시 참된 인간의 모습을 회복하는 일이 중요하다고 말합니다. 어쩌면 학교에 다니는 것은 인간의 자연스러운 본성을 왜곡하는 일이 아닐까요? 학교 밖이 학교 안보다 더 큰 가르침을 준다면 우리가 학교에 꼭 다녀야 할 필요는 없습니다.

'개 같은 철학자'라 불렸던 그리스의 철학자 디오게네스는 자신을 찾아온 알렉산더 대왕을 향해 햇볕 좀 가리지 말고 비키라고 요구합니다. 그에겐 알렉산더의 유럽이나 인도보다, 세계 제패의 위업보다 따뜻한 햇볕 한 조각이 더 가치가 있었기 때문이지요. 지금의 학교는 우리가 알렉산더가 되도록 요구합니다. 하지만 우리가 진짜로 필요로 하는 것은 한 조각의 따뜻한 햇볕일지도 모릅니다. ■

●●●●●● **노자와 루소, 디오게네스**
노자(B.C.570?~B.C.479?)는 도가 사상의 창시자이다. 부드러운 것이 강한 것을 이기고, 가진 것을 비울 때 오히려 얻을 수 있다고 말하며 모든 인위적인 것을 버릴 것을 주장했다. 『도덕경』을 썼다.
루소(1712~1778)는 인간의 본성은 원래 선하다고 주장했으며 프랑스 혁명의 사상적 아버지로 불린다. 『에밀』 『고백록』 등을 썼다. 그의 책 『사회계약론』은 "인간은 자유인으로 태어난다. 그러나 어디서나 인간은 사슬에 묶여 있다. 어찌하여 이 지경에 이르렀는가?"로 시작한다.
디오게네스(412?~323)는 평생 옷 한 벌과 자루 하나를 들고 길거리에 굴러다니는 통 속에서 생활했다. 인간은 자연스러운 욕구를 가장 쉽게 만족시킬 때 행복해진다고 생각해 이를 막는 반자연적인 관습을 따르지 않았다. 그의 삶이 마치 자유롭게 돌아다니는 개와 같다고 해서 견유학파로 불렸다.

● 다음 쟁점에 대하여 자신의 입장을 정하고 근거를 제시해 봅시다.

> **쟁점 ❶** | 학교는 미래를 살아가기 위해 필요한 지식을 충분히 가르치고 있다.

입장 :

근거 :

> **쟁점 ❷** | 학교는 사회성을 기르는 데 가장 알맞은 곳이다.

입장 :

근거 :

> **쟁점 ❸** | 학교는 청소년을 잘 관리하고 보살펴 줌으로써 청소년 문제를 해결할 수 있다.

입장 :

근거 :

● 현재 행해지고 있는 다양한 형태의 학습·교육 방식이나 기관, 학교들을 검색하여 자신에게 가장 적합한 것이 무엇인지 정하고, 왜 그런지 간단하게 이유를 말해 봅시다.

여기가 나의 학교

지금까지 제도권 학교에 대해서만 생각해 봤지만, 조금 더 시야를 넓혀 보면 우리 주변에는 다양한 교육 형태가 존재합니다. 어느 곳이든 배움을 얻을 수 있다면 바로 그곳이 학교가 아닐까요? 우리 주변에 있는 다양한 교육 현장들을 찾아가 봅시다.

홈스쿨링

홈스쿨링, 또는 홈에듀케이션은 집이 바로 학교입니다. 오스트레일리아처럼 인구밀도가 낮은 나라에서는 가장 가까운 학교라도 집에서 몇십 킬로미터에서 몇백 킬로미터나 떨어져 있지요. 그러다 보니 학교를 다니는 일이 불가능해 어쩔 수 없이 홈스쿨링을 하기도 합니다.

또 공동체 교육에 대한 불신이나 종교적인 신념 등 많은 사람들이 다양한 이유로 학교를 거부하고 홈스쿨링을 선택하기도 하지요.

자유학교 서머힐

학교를 거부하는 대신 학교의 모습을 완전히 바꾸어 새로운 교육을 추구하는 학교도 있습니다. 바로 노는 것이 곧 공부라는 말로 유명한 영국의 서머힐이지요. 1921년 알렉산더 닐이 세운 서머힐은 '자유학교'라 불릴 정도로 철저한 자유 교육을 전면에 내세웁니다. 학년이나 시간표, 성적표와 같은 다른 학교에는 필수적인 것들이 서머힐엔 없습니다. 심지어 수업에 참여하든 말든 아무도 상관하지 않지요.

그렇다고 무조건 무한한 자유가 허용되는 것은 아닙니다. 우선 타인에게 피해를 주지 않아야 하며, 구조대원이 있을 때만 수영을 할 수 있다거나 6세 미만 어린이는 길가에서 혼자 자전거를 탈 수 없다거나 지붕에 올라가 공기총을 갖고 놀수 없다는 등의 다양한 규칙이 있지요. 서머힐과 다른 학교의 가장 큰 차이점은 바로 이 규칙을 누가 만드느냐에 있습니다. 서머힐은 학생들 스스로가 총회를 통해 모든 규칙을 만들고 자유를 규정하지요. 그것이 서머힐을 자유학교로 부르는 이유일 것입니다.

다양한 대안학교와 학교의 변화

숟가락이나 의자, 책상뿐 아니라 바이올린까지도 직접 만들어 연주하는 독일의 발도로프 학교, 농사와 바느질 등 실제 생활과 연결된 공부를 하는 일본의 키노쿠니 학교 등 전 세계 곳곳에는 다양하고 창조적인 배움을 실험하는 수많은 대안학교들이 있습니다.

우리나라에도 200개가 넘는 다양한 대안학교들이 있지요. 대안학교는 점점 테두리를 넓혀 가고 있습니다. 종교나 정치적 신념으로 뭉쳐 학교를 만들기도 하고, 축구 학교, 여행 학교, 자전거 학교, 농사 학교처럼 공통의 관심사가 새로운 학교를 탄생시키기도 합니다.

예전엔 대안학교와 제도권 학교는 서로 경쟁하는 관계였습니다. 사람들은 '이거냐 저거냐' 둘 중 하나를 선택해야 했지요. 하지만 대안학교의 좋은 점을 따라 배우는 일반 학교가 점점 많아지는 요즘, 대안학교는 제도권 학교의 경쟁자가 아니라 같은 길을 가는 동지가 되었습니다.

좋아하는 과목만 공부하면 안 될까?

● ● ● "아주 지쳐버리지 않도록 해라. 그렇지 않으면 수레바퀴 아래에 깔리게 될 테니까." 헤르만 헤세의 소설 『수레바퀴 아래서』에 나오는 말입니다. 소설의 주인공 한스는 아버지와 자신을 억눌러 가며 무의미한 공부에 매달립니다. 그러나 친구 하일러는 한스에게 선생님과 아버지가 무서워서 하는 공부는 품삯을 받고 남의 일을 해주는 품팔이에 지나지 않는다고 이야기하지요. 무지막지한 공부의 수레바퀴에 깔리지 않는 길, 어디서 어떻게 찾을 수 있을까요? 좋아하는 과목만 공부하면 안 될까요?

그래,
무조건 시키는 대로 공부할 순 없어

아니야,
하기 싫은 과목도 공부해야 해

누구나 좋아하는 과목, 싫어하는 과목이 있죠. 문제는 공부할 과목을 내 맘대로 고를 수 없다는 겁니다. 필요하니까 다 공부해야 한다고요? 그럼 참아가며 한 공부가 언제, 어디에 필요한 걸까요? 좋아하는 공부만 파고들어도 성공한다고요? 그럼 성적표에서 롤러코스터를 타는 점수는 어쩌죠? 다음 이야기를 읽고 생각해 봅시다.

열네 살, 중학교 1학년

중학교에 올라오면서 더 이상 시간이 없어 미술 학원을 관두기로 했다. 이로써 태권도, 미술, 피아노라는, 초등학생이라면 으레 다니는 '3종 세트'와 영원한 작별을 고하게 되었다. 어른들은 자신들은 그렇지 않으면서 아이들은 뭐든 잘해야 한다고 생각한다. "이 정도는 할 줄 알아야 한다."라고 말하지만 '이 정도'가 턱없이 높다. 만능 슈퍼맨이나 슈퍼우먼쯤은 되어야 만족할 거다.

그래서 우리는 오늘도 학원 가는 버스에 오른다. 어떤 아이가 장래 희망을 '강아지'라고 했다고 한다. 학원을 다니지 않아도 되고 공부를 안 해도 사랑받으니까. 난 그 애를 이해한다. 아마 학원 뺑뺑이를 도는 대한민국의 많은 애들도 다 같은 생각일 거다.

그나마 '3종 세트'는 한 건물에 있어 버스를 기다리지 않아도 되었는데……. 다음에는 또 어떤 학원이 나를 기다리고 있을까?

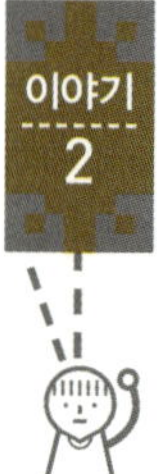

열다섯 살, 중학교 2학년

오늘도 어김없이 과학 시간. 하필 점심 먹고 바로 5교시가 뭐람! 그렇잖아도 아지랑이 피어오르는 꿈 같은 봄날, 아까부터 눈꺼풀이 내리 무겁다. 선생님 말씀이 자꾸 달아난다. 저 멀리, 저 높이……. 하늘은 푸르고 햇살은 따스한 이 좋은 날, 지금으로부터 오백 년도 더 전에 살았다는 갈릴레이의 발견이 무슨 상관이람.

나는 졸린 눈을 하고서 머릿속으로 내가 디자인하고 싶은 자동차를 그려 본다. 세상에서 가장 멋진 자동차의 모습을 상상하면서 혼자 히죽히죽 웃어 본다.

"물체를 떨어뜨리면 낙하하는 거리는 시간의 제곱에……." 선생님의 목소리는 점점 더 멀리 달아나는 듯하다. 순간 왠지 심상찮은 분위기가 교실을 휘감아 돈다. 정신을 차리고 보니 눈을 부릅뜬 호랑이 선생님이 잔뜩 못마땅한 표정으로 날 지켜보신다. 뭔가 질문을 하신 모양인데?! 대체 무슨 말씀을 하셨나요? 저어, One more time, please? 으악! 난 망했다!

서른 살, 입사 3년차

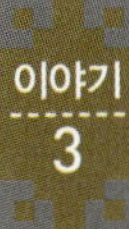

나는 드디어 자동차 디자이너가 되었다. 지금은 우리나라 굴지의 자동차 회사에서 최고의 디자이너로 인정받고 있다.

나는 어렸을 때부터 그림 그리는 걸 좋아했다. 가만히 있을 때도 빈 종이를 찾아 캐릭터나 만화 주인공을 그리곤 했다. 어머니께서 중학교 때 미술 학원을 그만두라고 하셨을 때 얼마나 아쉬웠던지 수학 학원 대신 미술 학원을 가면 안 되냐고 대들기도 했었다.

그런데 일을 하다 보니 자동차 디자인은 미술과 관련된 능력만 요구하는 것이 아니었다. 자동차의 속도와 가속도 값을 알아야 하고 자동차가 달릴 때 미치는 바람의 영향이나 운전자의 심리 상태에 이르기까지 다양한 지식을 갖추어야 좋은 디자인이 나왔다.

나는 학창 시절 과학 공부는 디자인에 아무 도움이 안 될 거라 생각하고 과학 시간에 졸기만 했던 일이 너무 후회된다. 그림에만 몰두한 나머지 여러 장르의 책을 읽고 폭넓은 경험을 하지 못한 것도 아쉽기만 하다. 요즈음에 여가 시간이 날 때마다 틈틈이 혼자서 과학 공부를 하고 있는데 이제 와서 학창 시절 못했던 공부를 하려니 힘에 부친다.

그래!
무조건 시키는 대로 공부할 순 없어

수레바퀴 아래로 몰아가는 공부

"아주 지쳐 버리지 않도록 해라. 그렇지 않으면 수레바퀴 아래에 깔리게 될 테니까."

헤르만 헤세의 소설 『수레바퀴 아래서』에서 교장 선생님이 학생들에게 당부하는 말입니다. 그러나 정작 교장 선생님은 학교가 아이들을 수레바퀴 아래로 몰아가고 있다는 사실을 깨닫지 못하지요.

소설의 주인공 한스는 아버지와 마을 사람들의 기대를 저버리지 않기 위해 자신을 억눌러 가며 무의미한 공부에 매달립니다. 자유분방하고 열정적인 친구 하일러는 한스에게 선생님과 아버지가 무서워서 하는 공부는 품삯을 받고 남의 일을 해 주는 품팔이에 지나지 않는다고 이야기하지요. 자신은 성적이 나쁘지만 최소한 남을 위해 공부하는 바보는 아니라고요.

신학교의 엄격하고 강압적인 분위기를 애써 견디던 한스는 결국 신경 쇠약증에 걸립니다. 다른 길을 선택할 용기도, 가차 없는 바퀴를 멈추게 할 힘도 없었던 한스는 강가를 걷다 물에 빠져 사고사인지 자살인지 모를 의문의 죽음을 맞이하지요. 마음이 여린 우리들 역시 학교가 정한 기준에 미치지 못하면 한스나 하일러와 마찬가지로 무지막지한 공부의 수레바퀴에 깔려 버리게 될 것만 같습니다.

그런데 학교가 정한 계획에 따라 학교가 정해 놓은 과목을 묵묵히 공부하는 게 과연 가치 있는 일일까요? 사실 학교에서 정한 공부라고 해서 진짜 공부만을 위한 공부는 아닙니다. 학교의 정규 교과목들은 특정한 시대의 정치적이고 사회적인 분위기에 따라 결정되는 경우가 많기 때문입니다.

일제 강점기에 우리 국민은 학교에서 국어 대신 일본어를 강제로 배워야 했지요. 일본이 식민 통치를 미화하기 위해 일본 내부와 조선이 한 몸이라는 '내선일체'를 내세웠기 때문입니다. 그런가 하면 히틀러 치하

앨런 파커, 〈핑크 플로이드의 벽〉, 1982
남을 위한 공부는 자신을 잃어버리게 만들 뿐이다.

의 독일에서는 유대인은 '해충'에 불과하니 제거해야 한다고 가르쳤습니다. 다른 곳도 아닌, 적어도 학교에서라면 절대로 가르쳐선 안 되는 반인륜적인 내용을 버젓이 공부하게 했던 것입니다.■

물론 일제 강점기나 나치 정권이 통치했던 때는 지금과 상황이 많이 다릅니다. 당시는 두 차례의 세계 대전이 휩쓸고 지나가 여러 가지 면에서 불안정한 시기였습니다. 사람들의 정서나 사고도 자칫 극단적인 방향으로 흘러가기 쉬웠을지 모릅니다. 그러나 비록 정도의 차이는 있다 해도 학교에서 공부하는 교과목의 종류와 내용이 시대와 상황에 따라 바뀐다는 점만은 분명히 알 수 있지요. 따라서 아무 생각 없이 시키는 대로 공부하는 것은 문제가 있습니다. 한 번쯤 나의 필요와 목적에 따라 학교에서 배우는 과목들에 대해서 곰곰이 따져 봐야 합니다.

그러나 우리는 비판은 나중으로 미룬 채 그저 하라는 공부를 따라가기 바쁩니다. 중요한 공부도, 필요한 공부도 내가 정한 것이 아닙니다. 그저 밑줄 치라면 쭈욱 치고 외우라면 달달 외우기에 급급합니다. 지금 현실에서 우리가 공부를 하는 가장 큰 이유는 대학에 들어가기 위해서이기 때문입니다. 좋은 대학을 가려면 시키는 대로 공부를 해서 좋은 점수를 받아야 합니다. 공부를 못해 성적이 나쁘면 인생을 망칠지도 모른다는 생각은 어마어마한 불안과 두려움으로 다가오지요. 행복은 성적순이 아니라고 아무리 외쳐 봐도 모든 것이 자연스럽게 성적에 따라 좌

19세기 말, 우리나라에 근대적인 학교가 세워지면서 사람들은 천자문 대신 새로운 과목을 공부하게 되었다. 최초의 교과서인 『국민소학독본』은 한 권에 국제 정세, 작문, 산술, 역사, 지리, 기술 등 10과목이 들어 있었다. 여학생은 재봉도 배웠고 의학이나 측량술에 관한 과목도 있었다. 한일합방 이후 국어, 국사, 지리 시간엔 일본어와 일본 역사, 일본 지리를 가르쳤다. 6·25 전쟁 중에는 과목 이름이 '탱크', '비행기', '군함'인가 하면 '우리는 반드시 이긴다' '침략자는 누구냐'라는 과목까지 있었다. 첨단 기술이 지배할 미래에는 지금 대학에서 전공하는 학생들만 배우는 '로봇' '인간 복제' 등의 과목이 모두의 필수 과목이 될지도 모른다.

우됩니다. 공부뿐 아니라 취미와 봉사활동까지 대학 입시를 위한 '스펙' 쌓기로 변해 버리지요. 이런 상황에서 나의 흥미와 관심을 좇아 공부한 다든가 때로는 시행착오를 겪으며 내가 무엇을 좋아하는지 고민하는 일은 사치스럽게만 느껴집니다.

하지만 정말 좋은 대학에 들어가면 한 방에 인생이 술술 풀릴까요? 학교가 정해 준 공부를 하지 않으면 그 좋은 기회를 놓쳐 버리고 마는 걸까요? 지금 우리가 하는 공부는 남들에게 인정받고 사회에서 성공하기 위한 공부입니다. 하지만 그렇게 성공하면 우리는 정말 행복해질까요? 도대체 누구를 위해 무엇을 위해 세상과 학교가 정해 놓은 계획에 따라 묵묵히 공부를 해야 할까요?

굶어 죽도록 내버려 둘 테다?

"공부해라."라는 말은 학생들이 제일 듣기 싫어하는 말 중의 하나입니다. 어른들은 공부하라는 말끝에 "다 너 잘되라고 하는 소리야." 또는 "공부해서 남 주냐?"라는 말을 덧붙입니다. 맞습니다. 우리가 열심히 공부하는 이유는 '나'를 위해서입니다. 그리고 진짜 '나'를 위한 공부를 하려면 나의 의지가 없이 학교나 부모가 시키는 공부, 대학 입시를 위한 공부를 그만두어야 합니다.

좋은 대학에 들어가는 일, 변호사나 의사처럼 남들이 다 바라는 직업을 모든 사람들이 얻을 수는 없습니다. 더구나 설혹 죽기 살기로 노력해서 얻는다 해도 그 자리가 나에게 맞으라는 법도 없습니다. '평양 감사도 저 싫으면 그만'이라는 말이 있지요. 재물도 많이 모을 수 있고 예쁜 기생들도 많아 다들 가고 싶어하는 그 자리도 정작 내가 싫으면 아무 소용이 없다는 걸 옛사람들도 알고 있었습니다. 나에게 맞는 일은 결국 내가 결정합니다. 내가 좋아하는 대로, 내 의지에 따라 스스로 선택한 일이야 말로 내가 행복해지는 길입니다.

공부도 마찬가지입니다. 이미 정해진 공부, 남들의 기대에 부응하는 공부를 한다 해도 나의 성공이나 행복이 보장되지 않습니다. 내 인생을 살아가는 사람은 바로 나 자신이니까요. 진정한 나, 나다운 내가 될 때 나는 행복해질 수 있습니다. 행복해지려면 내가 원하는 공부, 나에게 맞는 공부를 해야 합니다.

내가 원하는 공부를 하려면 모범생이 아닌 모험생을 무릅써야 합니다. 문화 대통령으로 불렸던 가수 서태지는 좋아하는 음악 공부에 온전히 집중하려고 고등학교를 그만두었고 그의 음악은 지금도 많은 사랑을 받고 있습니다. 발레리나를 즐겨 그렸던 드가는 원래 법률가가 되기 위한 공부를 했지요. 그러나 자신과 맞지 않는 공부에 끝내 적응하지 못하

마티스, 〈춤〉, 1909

고 학교를 나와 그림 공부를 시작했습니다. 야수파의 대표적인 화가, 마티스도 마찬가지였습니다. "굶어 죽도록 내버려 둘 테다." 마티스가 아버지의 이 무시무시한 불호령을 뒤로 하고 미술을 공부하기 위해 파리행 열차에 오른 순간, 세상은 평범한 법률가를 잃은 대신 위대한 화가를 얻었습니다. 부모의 기대를 저버린 마티스는 경제적인 어려움을 겪어야 했습니다. 하지만 생활비가 없어 힘든 시절을 보내면서도 결코 뒤를 돌아보지 않았고 마침내 위대한 예술가로서 사람들의 인정을 받고 커다란 성공을 거두었지요.

이처럼 좋아하는 공부는 곧 잘하는 공부가 됩니다. 흥미가 있으니 웬만큼 힘든 일이 있어도 끄덕 않고 노력을 기울입니다. 또 열심히 한 만큼 금세 실력이 쑥쑥 늘어나 공부할 맛이 제대로 나지요. 남들도 인정해 주고요. 그래서 더 열심히 공부하게 됩니다. 그런데 신기하게도 공부란 하면 할수록, 그래서 아는 것이 많아질수록 모르는 것도 같이 늘어나지요. 예전에는 몰랐다는 사실조차 알지 못했는데 이제는 더 알고 싶은 마음이 자꾸만 생겨납니다. 내가 좋아서 내켜서 시작한 공부는 더 열심히 공부하도록 우리를 부추깁니다. 누가 시키지 않아도 공부하고 그만하라고 해도 공부하며 공부를 즐길 수 있게 되지요.

배우고 때로 익히니 기쁘지 아니한가!

여러분은 처음으로 두발자전거를 탔던 일을 기억하나요? 뒤에서 자전거를 잡아 주던 손이 어디론가 사라지고 나 혼자만의 힘으로 자유로이 페달을 밟았던 그 짜릿한 경험 말입니다. 보조바퀴를 떼어 낸 자전거에 처음 앉았을 때는 균형을 잡는 일부터 쉽지 않았을 거예요. 여러 번 넘어지기도 했겠지요. 하지만 어느 순간부터 자전거가 쓰러지지 않도록 방향을 잡고 곧이어 바람을 가르며 속도를 낼 수 있게 되었을 것입니다.

이처럼 모르는 것을 배우는 건 기쁨을 줍니다. 기쁨 중에서도 최고의 기쁨을 주지요. 중국의 철학자 공자는 『논어』에서 다음과 같이 이야기 합니다.

"배우고 때로 익히니 기쁘지 아니한가? 벗이 있어 멀리서 찾아오니 또한 즐겁지 아니한가? 남이 나를 알아주지 않아도 화내지 않으니 또한 군자가 아니겠는가?" ▪

세상에 나를 이해해 주는 사람이 없더라도 화내지 않을 수 있는 건 배우고 익히는 일이 우리에게 순수한 즐거움을 주기 때문입니다. 공부가 '무엇을 위한 준비'가 아니라 그 '무엇'이 될 때 배움은 비로소 즐거운 공부, 살아 있는 공부가 됩니다. 시험을 통과하기 위해 외우기만 하는 공부, 출세의 발판을 얻기 위해 억지로 하는 공부는 진짜 공부가 아닙니다. 그런 공부는 저마다 가치 있고 재능 넘치는 청소년들을 점수라는 잣대로 재단해 좌절에 빠뜨릴 뿐입니다.

우리는 지금부터라도 시키는 공부, 정해진 공부에 무작정 끌려다니는 대신 내가 좋아하는 진짜 공부를 시작해야 합니다. 내가 좋아하는 진짜 공부를 할 때만이 배움이 주는 향기롭고 은근한 최상의 기쁨을 느낄 수 있습니다. 배우고 익히는 기쁨에 푹 빠져 열심히 공부하면 성공은 저절로 따라옵니다. 하지만 배움의 즐거움을 모른 채 성공하기 위한 수단으로만 공부를 할 때 공부는 한낱 고역이 될 뿐입니다.

● ● ● ● ● ● 공자

공자(BC551~BC479)는 유교 사상의 창시자이다. 그는 군주란 '덕'을 바탕으로 정치를 하고 백성을 이끌며, '예'를 다함으로써 스스로를 다잡아 '인'을 갖춰야 한다고 말했다. 이런 그의 사상은 제자들이 그의 가르침을 기록한 『논어』를 통해 전해진다.

아니야!
하기 싫은 과목도 공부해야 해

알고 보면 모든 것은 통한다

국어, 영어, 수학, 사회, 과학, 도덕, 기술, 가정, 음악……. 학교에서 배우는 과목들을 꼽다 보면 금방 열 과목을 넘어갑니다. 이 과목들을 모두 공부해야 할까요? 누구나 좋아하는 과목이 있고 싫어하는 과목이 있는데 자기가 잘하고 좋아하는 과목만 공부하면 안 될까요?

하기 싫은 공부를 왜 해야 하는지 의문이 든다면 여러분의 미래의 모습을 떠올려 보세요. 우리가 공부를 하는 이유는 나의 잠재력을 실현해 앞으로 사회에서 내 몫을 다하기 위해서입니다. 우리가 사는 사회는 다양한 지식을 가진 사람들이 각자 자신이 맡은 역할을 성실히 수행하기 때문에 제대로 굴러가지요. 수많은 톱니바퀴들이 서로 맞물려 움직이며 정확한 시각을 알려 주는 시계처럼 우리 사회도 과학자, 요리사, 정치가, 운전사, 회사원에서 우리 같은 학생에 이르기까지 모든 사회 구성원들이 제 역할을 다할 때 원활히 돌아갑니다.

그런데 어떤 사람이 직업을 가지려면 그에 걸맞은 자격을 갖추어야 합니다. 예를 들어 신문 기자가 되려면 정치, 경제, 교육이나 연예 등 분야가 나뉘어 있기 때문에 맡은 분야에 대한 전문적인 지식이 가장 필요합니다. 더불어 폭넓은 시사 상식도 있어야 하고 글쓰기 능력이나 외국어 능력도 뛰어나야 하고요.

경제 신문에서 주식과 관련된 내용을 다루는 기자가 일하는 모습을 떠올려 볼까요? 먼저 미국의 증권 시장인 나스닥이나 다우, 중국의 차스닥 등 외국의 주가 지수를 살펴보고 주식 거래에 영향을 줄 수 있는 국내외의 여러 소식을 훑어보겠지요. 만약 태풍이 온다는 뉴스가 있다면 어떤 기사를 써야 할까요? 태풍이 우리나라를 통과할지 비켜 갈지에 따라 예상되는 피해 액수에 엄청난 차이가 있기 때문에 태풍의 진행 경로에 관한 일기 예보를 충분히 이해할 수 있어야 합니다.

물론 경제를 전공한 기자가 태풍에 관한 전문가가 될 필요는 없습니다. 그러나 기사를 쓰려면 기상 전문가들이 알려 주는 정보를 객관적으로 정확하게 판단할 줄 알아야 합니다. 그리고 이 판단의 기초는 바로 중학교, 고등학교 때 배운 과학 지식들이지요. 우리는 학교에서 과학을 공부하면서 물의 순환이나 열대성 저기압, 자연재해에 대한 기본적인 지식들을 배웁니다. 이 지식들은 꼭 과학자가 되지 않더라도 우리에게 반드시 필요한 지식들입니다. 과학 말고도 우리가 학교에서 배우고 익힌 여러 과목들은 나중에 사회에 나가 맡은 일을 제대로 해내기 위해 꼭 필요한 기본 지식들이 되지요.

중국 고대의 사상가 장자는 학문이 여러 갈래로 나누어지면서 온전한 학문의 모습을 잃었다고 말했습니다. 사람들은 삶의 진리인 도道의 한 귀퉁이만을 보고 두루 능하지 못해 한 분야의 전문가만 될 뿐이라고요. 장자는 만약 얼굴의 눈, 코, 입이 각기 제 역할만 하고 서로 통하여 돕지 않는다면 그처럼 답답한 일은 없을 거라고 이야기합니다.

장자의 말은 세상 많은 일들이 서로 별개가 아니라는 뜻입니다. 우리가 특정한 분야를 전공 삼아 집중적으로 공부하는 이유는 세상에 배워야 할 지식의 양이 어마어마한 데다 우리가 모든 것을 경험할 수 없기 때문입니다. 그러나 한 분야의 지식을 제대로 깨우치려면 반드시 다른 분야의 도움을 받아야 합니다. 태풍의 진로에 대한 기상 예보를 바르게 이해해야 앞으로의 경제 상황을 예측할 수 있는 것과 마찬가지죠.

내가 좋아하는 과목 역시 다른 과목과 동떨어진 것은 아닙니다. 그 과목에서 집중적으로 다루는 지식이 있지만 동시에 다른 과목과 연결되어 있지요. 그래서 좋아하고 공부하고 싶은 내용을 제대로 알기 위해서는 다른 과목의 지식이 꼭 필요합니다. 좋아하는 과목을 잘하고 싶은가요? 그렇다면 싫어하는 과목을 포함해 학교에서 배우는 모든 과목을 소홀히 하지 말아야겠지요.

큰 그림을 그리려면 '깊게'보다는 '넓게'

초등학교 1학년 때 장래 희망을 '문방구 아저씨'라고 말했던 아이가 중학생이 되어서도 똑같은 꿈을 가질까요? 만약 그대로 갖고 있다 하더라

●●●●● **장자**

장자(BC369?~BC289?)는 중국 도가의 사상가로, '도'를 천지 만물의 근본 원리로 보았다. 육체와 정신을 벗어나 자연의 법칙에 따를 때라야 진정한 자유를 얻어 이상적인 삶을 산다고 말했다.

도 연필을 많이 가질 수 있으니까 문방구 아저씨가 되겠다던 어린애 같은 꿈의 이유까지 같을 순 없겠지요. 아직도 문방구 아저씨를 꿈꾸는 청소년이라면 좀 더 색다른 문방구를 떠올릴 겁니다. 이를테면 전 세계의 특이한 문구들을 수집해 파는 문방구나 컴퓨터 검색도 하고 차도 마실 수 있는 문방구 카페 아저씨가 되겠다는 새로운 꿈을 꿀 것입니다.

청소년들은 한 달 만에도 새로 산 바지가 짧아질 수 있을 만큼 하루가 다르게 성장합니다. 몸도, 마음도 쑥쑥 자라서 어제의 내가 불현듯 낯설어지지요. 이렇게 변화의 한가운데를 살기 때문에 자신이 변하는 만큼 세상을 바라보는 눈도 계속 바뀝니다. 마치 달려가는 기차 안에서 계속 바뀌는 풍경을 바라보는 것과 같지요. 그래서 불과 얼마 전까지만 해도 간절히 바라던 꿈을 한순간에 내동댕이치고 전혀 다른 새로운 꿈을 꿀 수 있는 것입니다.

『개미』라는 소설을 쓴 프랑스의 소설가 베르나르 베르베르는 어린 시절 개미집을 만들어 오랫동안 개미를 관찰했던 경험이 소설을 집필하는 결정적인 계기가 되었다고 합니다. 우리는 흔히 개미에 관심이 많으면 파브르와 같은 곤충학자가 될 거라고 생각하지만 베르베르는 소설가가 되었습니다. 그리고 『개미』는 곤충학자 못지않은 전문 지식과 섬세한 묘사로 엄청난 인기를 끌었지요.

베르베르처럼 꿈은 생각지 못했던 형태로 이루어질 수 있습니다. 중요한 것은 언제든 기회가 오면 잡을 수 있도록 준비를 해야 한다는 점입니다. 무엇보다 폭넓은 지식은 우리에게 기초 체력과도 같습니다. 운동선수가 기초 체력을 바탕으로 개인기를 갈고 닦듯 우리도 학교에서 가르치는 교과목들을 모두 익힌 다음 나만의 공부를 시작해야 합니다. 기초 체력은 꾸준한 훈련으로 얻어집니다. 힘들고 어렵더라도 비지땀을 흘리며 꾹 참고 견뎌야 할 때가 있지요.

에셔, 〈낮과 밤〉, 1933
모든 것은 연결되어 있다.

    아직 미래에 무엇이 될지 모르는 청소년기에 자기 마음대로 공부하고 탐구할 것을 고르거나 좋아하는 과목만 공부하겠다는 생각은 위험하고 섣부른 생각입니다. 청소년기는 넓은 세상을 탐색하고 진정한 나를 찾아가는 시기이기 때문입니다. 시야를 넓히기 위해서 현미경이 아니라 망원경으로 먼 곳을 내다볼 줄 알아야 하겠지요. '깊이'보다는 '넓이'를 추구해야 할 때입니다. 그러기 위해서는 지금 자신에게 주어진 교과목들을 성실히 공부하고, 틈틈이 폭넓은 독서와 여행으로 경험을 넓혀 가야 합니다. 그리고 그렇게 얻은 지식과 경험을 바탕으로 세상을 보는 큰 그림을 그려야 하겠지요.

골고루 하는 공부, 균형 잡힌 삶

우리가 학교에서 배우는 여러 교과목은 미래의 지성인이 갖추어야 할 기본 지식들입니다. 이 폭넓은 지식들이 바로 우리의 교양이 되지요. 『교양 : 사람이 알아야 할 모든 것』이라는 책을 쓴 디트리히 슈바니츠는 교양을 행군 물품이라고 이야기합니다. 행군 물품은 군인들이 먼 거리를 걸어갈 때 꾸려 메고 가는 짐을 말하지요. 담요와 세면도구는 물론 물이 담긴 수통, 비옷, 텐트, 전투복 등에다 총이나 무기를 더해 완전 군장을 하면 그 무게가 48킬로그램이나 됩니다. 그러나 험한 길을 가는 군인에게 행군 물품은 무겁고 거추장스럽다고 버릴 수 있는 물건이 결코 아닙니다.

인생이라는 험한 길을 가는 우리에게 공부는 행군 물품을 챙기는 일과 마찬가지입니다. 길을 나설 때는 이 무거운 걸 다 들고 먼 길을 가야 하는 부담에 번거롭고 귀찮은 생각이 들기 마련입니다. 하지만 길을 가다 보면 그 거추장스러운 것들을 챙겨 왔기 때문에 불필요한 수고를 덜고 다시 힘을 내어 앞으로 나아갈 수 있는 순간이 옵니다. 그때가 되면 요모조모 쓸모를 따져 물건들을 챙겼던 수고에 스스로 뿌듯한 기분이 들겠지요. 쓰임새가 닿는 물건들로 채운 빵빵한 배낭을 메고 있기 때문에 목적지를 향한 멀고도 험한 여행에서 혹시 겪을지 모를 불편이나 어려움을 피하게 될 테니까요.

다양한 교과목을 공부하면서 쌓은 풍부한 지식은 우리를 더 나은 삶으로 이끌어 줍니다. 이런 지식들은 길지 않은 학창 시절에만 배울 수 있기 때문에 더욱 값진 것입니다. 음식을 가려 먹으면 결국 건강을 해치듯 균형 잡힌 사람이 되기 위해 지금 하기 싫은 과목도 골고루 공부해야 하는 것입니다.

입장 정하기

● 다음 쟁점에 대하여 자신의 입장을 정하고 근거를 제시해 봅시다.

> **쟁점 ❶** | 쓸모없는 공부란 없다.

입장 : ....

근거 : ....

> **쟁점 ❷** | 싫은 과목을 억지로 공부해 봤자 좋은 결과를 얻기란 어렵다.

입장 : ....

근거 : ....

> **쟁점 ❸** | 스스로 즐기고 잘할 수 있는 공부를 하는 것이 진정한 배움이다.

입장 : ....

근거 : ....

● 다음은 사이버 경찰 수사대가 꿈인 대학교 2학년 형(또는 오빠)이 수강하려는 과목들입니다. 아래의 과목들은 미래의 사이버 경찰 수사관에게 각각 어떤 도움을 줄까요?

과목 : 전산학, 범죄수사방법론, 법학개론, 서양문화사

유익한 점 : ....

....

공부도 탱그램처럼

'탱그램'을 알고 있나요? '칠교판'이라고도 하지요. 여러분도 어릴 때 많이 가지고 놀았을 거예요. 원래 탱그램은 지금으로부터 약 5천 년 전 중국에서 만들어진 모양 맞추기 놀이입니다. 탱그램을 통해 공부와 놀이에 대해 한번 생각해 볼까요?

장난감이 도움이 된다고?

탱그램은 정사각형 하나, 평행사변형 하나, 크기가 다른 삼각형 다섯을 이용하여 모형을 만드는데 무려 만 가지나 되는 그림들을 맞출 수 있다고 하지요. 19세기의 유럽에서는 이 중국식 퍼즐이 어린이들뿐만 아니라 어른들에 이르기까지 엄청난 인기를 누렸습니다. 프랑스의 황제, 나폴레옹 보나파르트는 황제의 자리에서 쫓겨난 뒤 탱그램 조각을 맞추며 쓸쓸한 기분을 달랬다고 전해집니다. 『이상한 나라의 앨리스』의 작가인 루이스 캐럴도 탱그램에 심취했다고 하지요. 영국 옥스퍼드 대학의 수학과 교수이기도 했던 캐럴은 복잡한 수학 문제를 탱그램의 일곱 조각을 활용해 설명했다고 합니다.

시곗바늘이 새벽 5시를 가리킬 때까지 하룻밤을 꼴딱 새우면서 탱그램 게임을 하는 집안 풍경을 그린 당시의 프랑스 만화를 보면 탱그램의 인기가 얼마나 높았는지 짐작할 수 있습니다. 뿐만 아니라 1844년 영국의 한 아동 잡지는 "아무런 도움이 되지 않는다고 하는데도 아이들이 중국식 퍼즐을 몹시 좋아하여 나뭇조각을 앞에 놓고 몇 시간이고 머리를 갸웃거리고 있다."라고 썼습니다.

쓸모없는 것들의 쓸모

그런데 탱그램이 정말 아무런 도움이 되지 않았을까요?
사실 아이들이 몇 시간이고 고개를 갸웃거리는 것부터
예삿일은 아닙니다. 어린이들이 오랜 시간 한 자리에 앉
아 집중력을 발휘하는 건 힘든 일이니까요. 그러니 우선
탱그램은 아이들이 집중력을 키우는 데 도움이 됩니다. 또 정사각형, 세모 등 기
하학적 모양들을 이리저리 맞추며 새로운 모양을 만드는 과정에서 창의력이나
추리력, 응용력 등을 키울 수 있습니다.
사실 탱그램과 마찬가지로 얼핏 보기에는 별 소용이 없는 듯 보이지만 지적인
능력 자체를 키우는 놀이들이 많습니다. 예를 들면 바둑이나 체스, 미로 찾기,
스무 고개 놀이, 끝말 잇기 등이 있습니다. 그리고 보면 이들 놀이는 단순히 놀
이가 아닙니다. 실제로 요사이 탱그램이나 미로 찾기 등을 학습에 활용하는 경
우가 늘어나고 있습니다. 예를 들어 탱그램은 수학의 도형, 미로 찾기는 확률 등
과 관련한 기본 지식을 제공합니다. 이러한 사실은 놀이가 공부가 되고 공부도
놀이처럼 놀 수 있음을 가리킵니다.

공부도 놀이처럼

탱그램은 공부와 놀이가 그렇게 다른 것이 아니라는 것을 말해줍니다. 호기심을
일으키는 공부, 하고 싶은 공부라면 공부도 '놀이'와 같아집니다. 만약 공부를
놀이처럼 할 수 있다면 우리는 즐겁게 탐구하고 모르는 것을 깨닫는 기쁨을 누
릴 수 있을 것입니다. 만약 부족한 점이 있더라도 스스로 이루는 성취감을 얻기
위해 열심히 노력할 테고요. 공부도 놀이처럼 즐거울 수 있다는 사실을 한 번이
라도 경험한 사람은 저절로 열심히 공부하게 됩니다. 그 단 한 번의 경험, 공부
가 놀이가 되고 놀이가 공부가 되는 마술과도 같은 일이 이루어지려면 무엇보다
나만의 공부법을 연구해야겠지요?

03
시험을 꼭
봐야 할까?

● ● ● 시험 보는 걸 좋아하는 사람이 있을까요? 시험이 없다면 학교생활도 즐겁고, 부모님과도 사이좋게 지낼 수 있을 것만 같습니다. 시험 날짜가 다가오면 가슴이 조여 오고 짜증도 나고 예민해집니다. 시험 등수가 나오는 날이면 어디론가 도망치고 싶은 마음까지 들지요. 만약 시험이 없다면 어떻게 될까요? 아무도 공부를 하지 않아 실력 향상도, 발전도 없고 밝은 미래도 사라져 버릴까요? 남과 경쟁하지 않고 시험 없이 즐겁게 잘할 수 있는 방법은 정말 없는 걸까요? 시험을 꼭 봐야 할까요?

그래,
시험은 꼭 필요한 제도야

아니야,
시험 없이도 잘할 수 있어

시험을 잘 보면 칭찬 받고, 시험을 못 보면 혼이 납니다. 그런데 시험을 '잘 본다'는 게 도대체 뭘까요? 100점을 맞는 걸까요, 반에서 10등 안에 드는 걸까요? 점수나 등수와 상관없이 내가 모르는 게 뭔지 확인했다면 그게 바로 잘 본 게 아닐까요? 다음 물음에 대답하면서 시험을 다시 생각해 봅시다.

시험이 없다면?

❶ 절대로 공부하지 않을 것이다. 점수도 등수도 없어 혼날 일이 없으니까.

❷ 그래도 공부할 것이다. 시험이 없으면 부담이 없어 배우는 일이 더 즐거울 테니까.

❸ 나라면 ________________________

내가 선생님이 되어 시험을 낸다면?

❶ 쉽게 낼 것이다. 수업만 들어도 누구나 다 풀 수 있도록.

❷ 어려운 함정 문제를 낼 것이다. 더 많이 공부한 사람을 구별해야 하니까.

❸ 나라면 ________________________

내가 선생님이 되어 시험 결과를 공개할 수 있다면?

❶ 1등부터 꼴찌까지 등수를 공개할 것이다. 경쟁심이 생겨 더 열심히 할 테니까.

❷ 공개하지 않을 것이다. 전보다 얼마나 더 나아졌는지 학생과 선생
  님만 알면 되니까.

❸ 나라면

친구가 노트를 빌려 달라고 한다면?

❶ 거절한다. 내 노력을 공짜로 가져가는 것은 반칙이니까.

❷ 빌려준다. 서로 도움을 주고 나누는 일은 기쁨을 주니까.

❸ 나라면

내가 꼴찌를 한다면?

❶ 꼴찌라는 사실을 숨기고 더 열심히 공부한다. 창피해서 꼴찌를
  벗어나고 싶으니까.

❷ 솔직하게 말하고 공부에 더 이상 신경 쓰지 않는다. 공부에 소질
  이 없는 거니까.

❸ 나라면

내가 1등을 한다면?

❶ 주변에 자랑하고 어깨에 힘을 주고 다닐 것이다. 내가 최고임이
  증명되었으니까.

❷ 스트레스를 받으며 더 열심히 공부할 것이다. 1등에서 밀려나면
  안 되니까.

❸ 나라면

그래!
시험은 꼭 필요한 제도야

시험이 없으면 실력 향상도 없다

시험 보는 걸 좋아하는 사람이 있을까요? 시험이 없다면 학교생활도 즐겁고, 부모님과도 사이좋게 지낼 수 있을 것만 같습니다. 시험 날짜가 다가오면 가슴이 조여 오고 짜증도 나고 예민해집니다. 시험 등수가 나오는 날이면 더 힘들어집니다. 어디론가 도망치고 싶은 마음까지 들지요. 이런 시험을 왜 꼭 봐야 할까요?

여러분은 답을 이미 알고 있습니다. 시험이 없다면 과연 누가 공부를 할까요? 놀고 싶고, 쉬고 싶고, 게임하고 싶은 마음을 꾹꾹 누르고 공부하는 이유는 역시 시험을 보기 때문입니다. 어렵고 지루한 과목을 꾹 참고 공부하는 이유도 시험을 보기 때문입니다. 시험은 학생들을 공부하게 만드는 가장 효과적인 방법입니다.

우리는 학교에서 많은 것을 배우고 익힙니다. 시험은 우리가 배운 것을 제대로 알고 있는지 확인하는 과정입니다. 중국의 상하이사회교육원은 시험을 자주 치면 칠수록 실력이 향상된다는 사실을 객관적인 연구 결과로 발표하기도 했습니다. 시험을 자주 칠수록 자신이 실수하는 부분이 어디이며, 어느 부분을 제대로 이해하지 못했는지 분명히 알게 되기 때문에 학생들의 실력이 올라갈 수밖에 없지요.

만약 시험이 없다면 어떻게 될까요? '유도리'는 일본 말로 '여유'라는 뜻입니다. 일본은 자율적인 교육을 강조하며 2002년부터 과목 수를 줄이고 시험을 폐지하고 수업 시간을 줄이는 등 유도리 교육을 해 왔습니다. 그러나 그 결과는 어땠을까요? 국제학업성취도평가에서 늘 1위를 놓치지 않던 수학적 응용력이 무려 10위로 떨어지고 말았습니다. 1, 2위

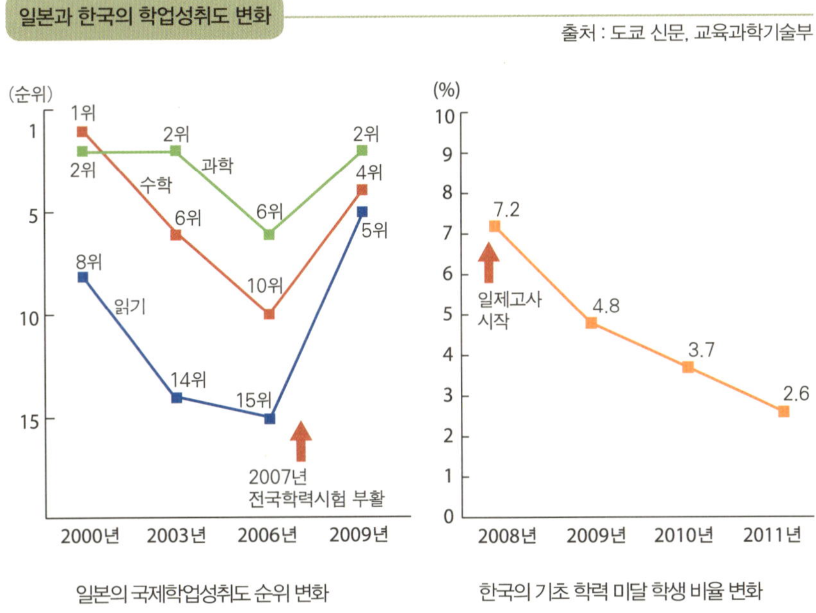

일본의 국제학업성취도 순위 변화   한국의 기초 학력 미달 학생 비율 변화

일본은 전국학력시험 부활 후 학업성취도 순위가 올라갔고, 한국은 일제고사 실시 이후 기초 학력 미달 학생이 큰 폭으로 줄었다.

를 다투던 과학적 응용력도 6위로, 독해력도 8위에서 15위로 떨어지고 말았지요. 일본의 문부과학성은 결국 유도리 교육을 폐기하고 전국학력 시험을 부활시켰습니다.

우리나라는 어떨까요? 2009년 국제학업성취도평가 보고서는 한국을 "효과적인 교육 정책을 추진해 최상위 수준에서도 학력이 더 향상될 수 있다는 가능성을 보여 주는 국가"라고 소개했습니다. 그리고 그 비결로 2008년 도입한 국가수준학업성취도평가, 즉 일제고사를 꼽았습니다. 교육과학기술부는 해마다 일제고사를 본 결과 2008년 7.2퍼센트나 되던 기초 학력 미달 학생 비율이 2011년에 2.6퍼센트로 떨어졌다고 발표했습니다.

그런데 단순히 그동안 보지 않던 시험을 보았기 때문에 학생들의 실력이 올라갔을까요? 비결은 다른 데 있습니다. 바로 교육과학기술부가 시험과 함께 전국의 모든 초등학교·중학교·고등학교의 시험 결과를 1등부터 꼴찌까지 모두 공개한 것입니다. 학교별 성적을 공개하자 학교들 사이에서는 당연히 경쟁이 일어났고 학생들의 실력을 높이기 위해 더욱더 많은 노력을 했던 것입니다.

시험이 주는 선물, 선의의 경쟁심

시험은 경쟁을 불러오고 경쟁은 실력을 올려 줍니다. 초등학교 때 야구 선수였던 한 남학생은 중학교에 들어오기 전에는 성적이 좋지 않았습니다. 그러나 중학교에서 나름대로 열심히 공부했는데 원하는 고등학교 입학시험에 떨어지자 큰 충격을 받았습니다. 그 학생은 자극을 받기 위해 일부러 자신보다 공부를 잘하는 학생들이 있는 학원에 등록했습니다. 결과는 대성공이었습니다. 전교 527명의 학생 중 1등을 해낸 것입

니다. 그 학생은 그 뒤로 1등을 놓치면 지난 시험에서 자기보다 앞선 등수의 아이들 이름을 떠올리며 이들을 이겨야겠다고 다짐했다고 합니다. 결국 〈공부의 달인―선의의 경쟁심이 1등을 만든다〉라는 TV 프로그램에까지 출연하게 되었지요.

공부를 잘 못하던 학생이 1등을 하게 된 비결은 무엇일까요? 바로 선의의 경쟁심입니다. 공부를 하고 싶게 만드는 힘을 학습 동기라고 합니다. 경쟁심은 우리에게 커다란 학습 동기를 가져다 줍니다. 목표를 향해 노력하고 능력을 계발해서 결국 성공에 이르는 경험을 맛보게 하는 시험과 경쟁은 우리가 최선을 다하도록 북돋워 주는 채찍질과도 같습니다.

우리가 살고 있는 사회는 자본주의 체제이고, 자본주의의 핵심은 경쟁입니다. 북한과 우리나라를 비교해 보면 경쟁의 효과를 금방 알 수 있지요. 1970년대까지만 해도 한국과 북한은 경제, 문화, 사회적인 면에서 비슷한 수준이었습니다. 그러나 2011년 한국의 경제 규모가 세계 11위인 반면 북한은 최하위권을 벗어나지 못하고 있습니다. 더 나은 상품을 만들려는 경쟁, 더 나은 서비스를 제공하려는 경쟁이 없다면 사회는 활력을 잃고 금방 뒤떨어져 버릴 것입니다. 공부도 마찬가지입니다. 학생들의 성적이나 학교 순위를 공개하고 우열반을 만드는 등 경쟁 원리를 적용하면 학생뿐 아니라 교사와 학교 모두 열심히 노력하게 되지요.

시험은 스포츠와 같습니다. 시험도 스포츠처럼 경쟁하는 것이고, 경기에서 실력이 입증되듯 시험에서도 실력이 입증되니까요. 올림픽에서 금메달이라는 1등 상이 주어지지 않는다면 선수들이 지금처럼 자신의 한계에 도전하지 않을 것입니다.

학교도 학생들도 더 높은 순위를 위해 더 치열하게 공부하면 우리 사회의 경쟁력 역시 더 높아질 것이고, 점점 더 뛰어난 인재들이 탄생할 것입니다. 식민지와 전쟁을 겪은 우리나라가 오늘날 이만큼 성장한 것은 세계 최고의 교육열 덕분입니다. "한 명의 인재가 만 명을 먹여 살린다."는 말이 있지요.■ 국가 경쟁력을 높이고 국민 모두가 잘 살기 위해서 시험은 꼭 필요합니다. 경쟁이 없으면 발전도 없기 때문입니다.

시험 앞에서는 모두가 평등하다

어떤 사람들은 시험을 보고 1등부터 꼴등까지 순위를 매기는 일이 비인간적이라고 비판하기도 합니다. 시험에서 꼴등을 한다면 기분이 어떨까요? 1등을 하면 자랑도 하고 싶고 어깨에 힘을 주고 다니겠지만, 꼴등을

남보다 뛰어난 재능을 가진 한 사람이 훌륭한 업적을 이루어 내면 그 사람 덕분에 수많은 사람들이 잘 살 수 있다는 믿음으로 엘리트를 길러 내는 일을 가장 중요하게 생각하는 교육. 모든 학생들을 똑같이 가르치는 평준화 교육은 학생들의 실력만 떨어뜨리므로 뛰어난 학생을 시험으로 가려 뽑아 집중적으로 가르쳐 국가 경쟁력을 기르자고 주장한다.

하면 누가 알게 될까 봐 전전긍긍하겠지요. 부모님과 선생님께 꾸중 듣
는 것은 물론이고 스스로도 자기 자신이 미워지겠지요.

　연기자를 꿈꾸던 한 여학생은 인기 연예인들에게 빠져 공부는 늘 뒷
전이었고 결국 중학교 때 전교 꼴등을 기록했습니다. 연기를 본격적으
로 공부하고 싶어 예술고등학교에 지원했지만 성적 때문에 떨어지고
말았고요. 그 학생은 성적 때문에 원하는 학교에 가지 못한 사실에 화
가 났고, 공부를 열심히 하기로 결심했습니다. 공부에 관심조차 없던 사
람이 기초부터 시작하는 것은 쉽지 않았습니다. 하지만 하루에 서너 시
간씩만 자고 밥도 책상에서 먹으며 남들보다 몇 배 더 노력한 결과 좋은
등수를 얻을 수 있었습니다.

　사람마다 꼴등을 하고 난 후 행동하는 방법은 다양할 것입니다. 스
스로 공부에 소질이 없다고 판단하고 공부와 담쌓
고 살겠다는 사람도 있을 거고, 분발해서 다시는
꼴등을 하지 않겠다고 결심하는 사람도 있겠지요.
1등하는 학생과 꼴등하는 학생은 서로 전혀 다른
세상의 사람들일까요? 1등하는 학생과 꼴등 학생
의 거리는 얼마나 멀리 떨어져 있을까요?

　우리가 주목해야 할 점은 시험에서는 노력만
하면 꼴등하던 사람도 얼마든지 1등을 할 수 있
다는 사실입니다. 어렵긴 하겠지만 누구도 이 사
실을 부정할 수는 없습니다. 그러한 점에서 시험은
공평합니다. 시험은 모든 학생을 동일한 문제, 동일
한 잣대로 평가합니다. 시험 점수는 예쁘거나 못
생겼거나, 인기가 있거나 없거나 전혀 상관이 없
습니다. 부모가 부자라면 자녀를 더 잘 뒷바라지

해 줄 수도 있겠지만 결국 시험 결과는 시험을 보는 학생이 얼마나 노력했느냐에 따라 결정되지요. 그러니 이 세상에 시험만큼 공평한 것도 없는 셈입니다. 16세기 말, 이탈리아의 선교사 마테오 리치는 중국의 과거 제도를 보고 큰 충격을 받습니다. 마테오 리치가 중국에서 돌아와 쓴 보고서에는 시험으로 관리를 뽑는 공정한 제도에 대한 칭찬과 놀라움이 가득합니다. 유럽은 당시만 해도 귀족으로 태어나지 못하면 관리가 될 수 없었기 때문입니다.

대학 입학시험이나 입사 시험, 자격시험 등 단 몇 번의 시험으로 인생의 성공과 실패가 결정되는 우리 사회를 비판하는 사람들이 많습니다. 하지만 신분제 질서가 지배하던 사회와 비교해 보면 시험으로 모든 것이 결정되는 지금이 얼마나 공정한 사회인지 인정하지 않을 수 없을 거예요. 신분제 사회에서는 아무리 똑똑하고 능력이 있어도 태어난 신분이 비천하면 자신이 하고 싶은 것을 위해 노력할 기회조차 주어지지 않았습니다. 허균이 지은 『홍길동전』에는 첩의 자식이라는 이유로 차별받는 홍길동이 등장하지요. 허균의 누나 허난설헌 역시 재능 있는 시인이었지만 여자라는 이유로 자신의 꿈을 펼치지 못하고 가정의 불화와 고된 시집살이 속에서 젊은 나이에 세상을 떠났습니다.

그러나 이제는 아무리 가난한 집안에서 태어났어도 공부만 열심히 하면 좋은 대학을 나와 남부럽지 않게 살 수 있습니다. 노력한 만큼 더 좋은 삶을 살 수 있는 세상이지요. 물론 지금 우리 사회의 입시 경쟁이 매우 치열한 것은 사실입니다. 하지만 시험이 아니라 기부금이나 부모의 직업에 따라 대학 입학 자격을 준다면 어떻게 될까요? 개인과 사회의 경쟁력을 높여 주는 데다 평등한 기회를 제공하는 시험은 지금처럼 계속 중요하게 여겨지고 시행되어야 합니다.

아니야!
시험 없이도 잘할 수 있어

시험 스트레스, 시험 지옥

시험 보는 날이 정해지면 놀고 싶어도 부모님과 선생님 눈치를 봐 가며 놀아야 하고, 시험 날이 다가올수록 가슴도 답답하고 머리도 아파 옵니다. 아무리 공부를 잘하는 사람도 시험을 좋아하지 않을 거예요. 시험이 두려운 건 꼴등보다 1등이 더 할지도 모릅니다. 학교에 다니는 대부분의 학생들은 시험 스트레스로 큰 고통을 받고 있습니다. 학생들이 시험 때문에 학교생활을 즐기기는커녕 마음의 병을 얻고 목숨을 버리기까지 합니다.

시험의 가장 큰 부작용은 사람과 사람 사이의 관계를 파괴한다는 사실입니다. 시험 때문에 경쟁이 치열해지다 보니 친구는 우정을 나누는 존재가 아니라 싸워서 이겨야 할 경쟁 상대가 되었습니다. 개성 있고 호감이 가는 친구보다 시험 점수가 비슷한 친구와 다니는 것이 더 마음이 편하고, 친구의 점수가 나보다 낮으면 안심이 되고 조금이라도 높으면

©dongaDB

불안해집니다. 시험 앞에선 스스로 만족할 만큼 공부하는 건 아무 소용
이 없습니다. 아무리 내가 잘해도 다른 친구들이 더 잘하면 꼴찌가 되기
때문입니다. 친구들끼리 서로가 서로를 밟고 올라서야만 살아남는 관계
가 된 것입니다.

　시험은 선생님과 학생들의 관계에도 영향을 줍니다. 학생들은 수행
평가에서 좋은 점수를 받기 위해 선생님에게 좋은 모습만을 보일 뿐, 진
심을 다해 마음을 열고 다가가지 않습니다. 한편으론 선생님이 점수로
학생들을 차별한다고 믿지요. 똑같은 잘못을 저질러도 성적에 따라 다
르게 꾸중한다고 생각하는 거죠. 게다가 시험에서 중요하게 다루는 과
목의 선생님을 더 잘 따르고 그렇지 않은 과목을 담당한 선생님은 소홀
히 대합니다.

　부모님과의 관계는 어떤가요? 부모와 자식 사이를 갈라놓는 가장 큰

66

원인이 바로 시험입니다. 서로를 믿고 사랑해야 할 부모 자식 관계가 시험 점수에 따라 멀어졌다 가까워졌다를 반복하지요. 부모는 시험 때문에 아이를 미워하고 상처 주고, 아이는 부모에게 사랑을 받기 위해 시험공부에 매달립니다. 시험은 가장 인간적이고 따뜻해야 할 집안 분위기를 지옥으로 만들지요. 집 밖의 인간관계는 돈이나 이익, 점수 따위에 좌우될 수도 있습니다. 하지만 부모 자식 사이가 시험 점수 때문에 멀어진다면 우리는 가장 인간다워야 할 소중한 터전을 잃게 되는 것이지요.

시험은 우리를 둘러싼 모든 인간관계를 삭막하고 피폐하게 만듭니다. 저마다 색색의 빛깔을 뿜내야 할 학생들을 오로지 점수로만 바라보게 하고 학생과 선생님, 부모의 마음을 불신과 실망과 좌절로 가득 채웁니다. 우리가 인간관계를 망가뜨리는 법을 배우러 학교에 다니는 게 아니라면, 지금 당장 시험을 없애야 합니다.

시험은 실력을 향상시켜 주지 않는다

시험이 꼭 필요하다고 말하는 사람들은 학생들이 시험을 봐야 공부를 하고, 점수를 매겨 경쟁을 시켜야 실력이 향상된다고 주장합니다. 그리고 언제나 국제학업성취도평가에서 높은 점수를 받는 우리나라 학생들을 자랑하지요.

4년마다 평가하는 국제 수학·과학 성취도 비교연구에서 우리나라 학생들은 어른들의 기대대로 2, 3위를 놓치지 않습니다. 그러나 성취도와 동시에 측정하는 자신감과 흥미도는 49개국 가운데 43위, 45위라는 형편없는 등수를 기록한다는 사실을 알고 있나요?

우리나라 학생들은 왜 이렇게 공부에 대한 의욕과 흥미가 없을까요? 바로 시험 때문입니다. 즐겁고 행복한 공부, 궁금하고 재미있는 공부를 하는 대신 단편적인 조각 지식을 외우고 기계적으로 답을 찾는 공부에만 매달려야 하기 때문입니다.

시험을 최우선으로 놓는 경쟁 위주의 교육은 학교의 모든 것을 바꾸어 놓습니다. 시험에서 중요한 과목 위주로, 시험 문제 풀이 중심으로 공부를 하고 그렇지 않은 과목은 대충 하거나 무시합니다. 학생의 관심이나 재능도 상관없고 선생님의 개성이나 장점도 중요하지 않습니다. 깊이와 다양성은커녕 배우는 사람도 가르치는 사람도 전혀 배려하지 않는 죽은 교육이 이루어질 뿐이지요. 시험 때문에 학교는 점점 학원을 닮아 갑니다.

게다가 시험은 지식을 기계적으로 암기하게 할 뿐, 창의적이고 개성 넘치는 다양한 생각을 끌어내지 못하게 만듭니다. 앞으로 우리가 살아갈 미래는 지금과는 다릅니다. 요즘처럼 세상이 급격히 변하는 시대에 가장 필요한 것은 어떤 환경에서도 적응할 수 있는 창조적이고 능동적인 사고력입니다.

고등학교까지 세계 선두를 달리는 우리나라 학생들이 막상 가장 깊고 창조적으로 공부해야 할 대학에 들어가면 중하위권을 면치 못하지요. 창의적이고 실용적인 지식을 만들어 내지 못해 특허권 수나 국제 학술지의 논문 인용 수도 초라하고 학술 분야에 노벨상 수상자가 없는 것도 우리나라 교육의 허점을 보여 줍니다.

국제학업성취도평가에서 우리나라와 비슷하거나 높은 순위를 기록하는 핀란드 학생들의 하루 평균 공부 시간은 4시간 22분이지만, 우리나라 학생들의 공부 시간은 8시간 55분이나 됩니다. 두 배나 많이 공부하고도 비슷하거나 낮은 순위를 기록하는 것만 보아도 우리나라의 시험 위주 공부가 결코 효율적이지도 않고 실력을 향상시켜 주지도 않는다는 사실을 알 수 있습니다. 시험은 사고력과 실력을 향상시키기는커녕 학생들을 문제 푸는 로봇, 답을 찾는 기계로 만들 뿐입니다.

경쟁 No! 협력 Yes!

시험과 경쟁을 위주로 하는 공부는 학생을 철저히 혼자로 만듭니다. 학교 수업, 학원 강의, 과외 수업이나 인터넷 강의를 떠올려 보세요. 여러 사람의 도움을 받는 것 같지만 전부 가르치는 사람이 배우는 사람에게 일방적으로 지식을 전달하는 방식입니다. 학생은 혼자 묵묵히 듣고 필기만 하지요. 나머지 시간 역시 혼자 앉아 요점을 정리하고 문제를 풀면서 보냅니다. 공부하는 과정 어디에서도 친구들과 협력할 필요가 없지요.

출처 : 알피 콘, 『경쟁에 반대한다』(산눈, 2009) 중 데이비드와 로저 존슨의 실험

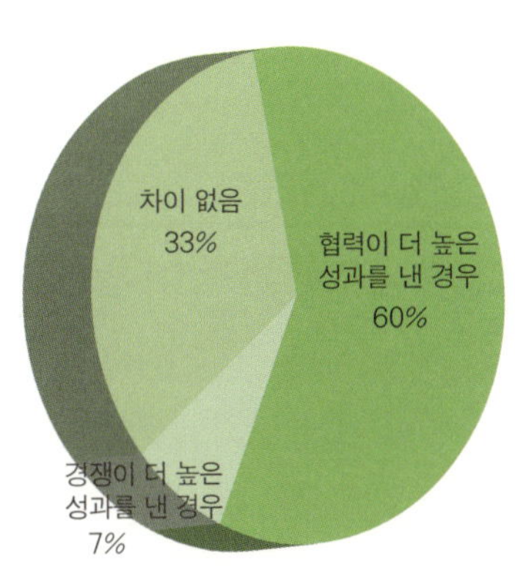

학습 과제 수행 시 경쟁과 협력 비교

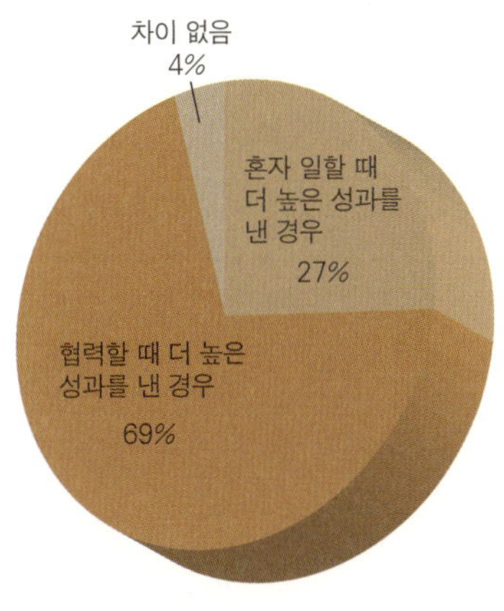

혼자 일할 때와 협력해서 일할 때 성취도 비교

경쟁하거나 혼자 일하는 것보다 협력할 때 더 많은 성과를 거둘 수 있다.

경쟁심으로 인해 모르는 문제를 물어봐도 친절히 알려주는 친구도 없고, 필기한 노트를 빌리는 일도 어렵습니다. 그러다 보니 학생들은 서로의 생각을 나누는 기회를 얻지 못하고 협력하는 훈련도 받지 못합니다.

한 과학고등학교에 개교 이래 처음으로 물리 과목 만점을 받은 학생이 있었습니다. 자습 시간이 되면 친구들은 그 학생에게 물리 문제를 물어보지요. 그 학생은 친구들에게 문제를 쉽고 정확하게 설명해 주고 핵심 개념을 자세히 정리한 노트를 언제든지 기꺼이 빌려 줍니다. 친구들과 다시 문제를 풀면서 전에는 생각하지 못했던 것을 찾아내기도 하고 친구들과 공부의 기쁨을 나누는 일이 정말 즐겁기 때문입니다. 그 학생에게 공부는 남과 경쟁하며 고독하게 달리는 경기장이 아니라 친구들과 함께 협력하며 몰랐던 것을 알아가는 나눔의 장입니다.

친구들의 다양한 아이디어를 듣고 나의 아이디어를 아낌없이 제공해 서로 협력하여 공부하면 공부가 즐겁습니다. 이런 공부는 시험 점수를 올리기 위해 의자에 혼자 오래 버티고 앉아 똑같은 문제를 반복해서 푸는 공부와 전혀 다릅니다. 서로 눈을 맞추며 자유롭게 자신의 생각을 말하고, 다른 사람의 생각을 잘 듣고 공감하다 보면 창의적인 학습 능력뿐 아니라 인성과 감성까지 기를 수 있습니다.

시험에서 경쟁과 협력을 이야기할 때 흔히 인디언 아이들의 시험을 예로 듭니다. 시험을 본다고 했더니 책가방으로 옆 친구의 시선을 가리는 백인 아이들과 달리 인디언 아이들은 모두 둥그렇게 모여 함께 시험 문제를 의논했다고 합니다. 따로 떨어져 시험을 보라는 선생님의 호통에 어려운 문제일수록 서로 도와 가면서 해결해야 한다고 말하면서요. 그런데 이 이야기를 듣고 감탄하는 대신 고개를 갸웃거리는 사람들이 있습니다. 인디언 식으로 하면 개인의 실력을 제대로 알 수 없는 데다가 아무것도 안 하고 슬쩍 무임승차하는 아이들 때문에 열심히 하는 아이들이 손해를 본다고 반박하지요.

이런 우려는 일제고사 같은 시험 방식이 유일한 평가 방법이라는 생각 때문에 생겨납니다. 똑같은 문제를 똑같은 시간에 누가 얼마나 정확히 맞추느냐로 겨룰 수 있는 실력은 암기 실력뿐입니다. 손해를 본다는 생각은 무엇을 하건 1등부터 꼴찌까지 순위를 매기고야 마는 평가 방법 때문에 생겨납니다. 순위를 매기는 순간 상대방은 문제를 함께 푸는 사람이 아니라 경쟁에서 이겨야 할 사람이 되어 버립니다. 때문에 어떻게든 등수를 올려 보려는 마음에 부정행위나 무임승차 등 옳지 못한 행동까지 하게 되는 거지요.

　만약 남과 경쟁하는 시험을 통해 실력을 평가하지 않고 학생 개개인을 각자의 상황에 맞게 다양한 기준에서 진단하고 평가한다면 무임승차하는 아이들이 생겨날까요? 남과 경쟁을 하는 것이 아니라 어제의 나와 경쟁을 하고 그 결과를 평가하면 나의 진짜 실력을 알 수 있지 않을까요? 이미 경기도, 강원도의 일부 초등학교에서는 중간고사, 기말고사 등 정기 시험을 없애는 대신 선생님의 수업 내용과 학생 개개인의 실력에 따라 그때그때 필요한 문제를 풀거나 실험을 하거나 글을 써 그 과정을 기록하는 새로운 평가 방법을 실험하고 있습니다. 지금과 같은 일제고사가 아니라 새로운 방식의 평가가 이루어지면 교실 풍경도, 집안 분위기도, 우리 사회도 달라질 것입니다.

　미국 연방 교육 아카데미의 자문위원이자 교육 천국이라 불리는 덴마크, 핀란드의 교육 환경을 개선하는 데 공헌한 심리학자 미하이 칙센트미하이 교수는 "실제 생활에서 벌어지는 모든 문제는 집단에 의해 만들어집니다. 요즘과 같이 빠른 변화의 시기에는 혼자 풀어낼 수 있는 문제가 거의 없습니다. 협동은 개인에게 주도적인 자세를 키워 줍니다. 스스로 관심을 갖고 참여할 수 있는 능력을 키워 줍니다."라고 말했습니다. 미래를 살아갈 우리에겐 시험과 경쟁보다 협력이 우선인 것입니다. 시험을 보고 학생들을 1등부터 꼴찌까지 한 줄로 세워가며 공부를 시키는 것은 이제 낡고 후진적인 방식입니다. 진짜 실력, 진짜 경쟁력은 시험으로 길러지는 게 아니라 협력으로 길러지니까요. 우리는 시험 없이도 즐겁게 잘할 수 있습니다.

입장 정하기

● 다음 쟁점에 대하여 자신의 입장을 정하고 근거를 제시해 봅시다.

> **쟁점 ❶** │ 시험을 봐야 실력이 향상된다.

입장 :

근거 :

> **쟁점 ❷** │ 똑같은 문제로 점수에 따라 등수를 매겨 서열화하는 시험 방식
> 이 가장 좋은 평가 제도이다.

입장 :

근거 :

> **쟁점 ❸** │ 경쟁할 때보다 협동할 때 공부를 더 잘할 수 있다.

입장 :

근거 :

● 시험을 보지 않고도 공부한 것을 확인할 수 있는 다른 방법이 있을지 친구들과 이야기를 나누어 봅시다.

금메달의 뒷면, 1등의 그늘

스포츠는 우리가 흔히 쓰는 말인 운동과는 좀 다른 뜻을 품고 있는 말입니다. 건강을 위한 달리기는 평범한 운동이지만 일정한 규칙에 따라 누가 가장 빠른지 겨루는 100미터 달리기는 스포츠이죠. 스포츠와 시험의 닮은 점을 들여다볼까요?

시험과 스포츠는 쌍둥이

우리말로 '경기'라고 부르는 스포츠는 운동과 다릅니다. 친구와 공원에서 사이 좋게 셔틀콕을 주고받기만 하면 되던 배드민턴도 스포츠가 되면 그 모습이 달라지지요. 가로 6.1미터, 세로 13.4미터로 정확하게 잰 코트 안에서 높이 1.55미터의 네트를 친 다음 먼저 21점을 얻는 사람이 이기고, 모두 세 번의 게임 중 두 번을 먼저 이겨야 최종 승리자가 됩니다. 20대 20으로 동점이라면 연속해서 두 점을 얻어야 이길 수 있지요. 운동이 스포츠가 되면 규칙이 세세하게 정해지고 반드시 이긴 사람과 진 사람이 생겨납니다.

스포츠는 시험과 닮은 점이 아주 많습니다. 우선 둘 다 많은 연습과 꾸준한 훈련이 필요합니다. 정해진 시간에 정해진 규칙으로 실력을 겨룬다는 점도 닮았습니다. 그래서 우리는 스포츠도 시험도 공정하다고 말하지요. 또 1등부터 꼴등까지 등수를 매긴다는 점도 똑같습니다. 하지만 스포츠와 시험의 가장 닮은 점은 경쟁을 기본 원리로 삼는다는 점일 것입니다. 다른 사람을 제치고 앞으로 나가야 이길 수 있고, 나의 실력을 남과 끊임없이 비교해야 한다는 점에서 스포츠와 시

험은 쌍둥이와 같습니다. 그래서 학력 평가 이름도 올림픽 경기처럼 수학 올림
피아드나 과학 올림피아드이고 1등에겐 금메달을 걸어 주지요.

스포츠와 시험은 둘 다 자신의 한계를 시험해 볼 수 있고, 도전 정신을 키울 수
있고, 목표를 세우고 전략을 짜서 1분 1초를 아끼는 등 성공의 기술을 배울 수
있습니다. 높은 등수를 얻으면 엄청난 칭찬과 보상이 쏟아지고요. 사람들은 스
포츠와 시험의 좋은 점만을 이야기하며 1등을 위해 더 노력하라고 부추깁니다.
누가 시키지 않아도 스스로 최선을 다해야 하고, 더 많이 참아야 하고, 집중해야
하고, 항상 긍정적으로 생각해야 하고…….

1등만 기억하는 세상

자신의 실력보다 얼마나 많이 투자할 수 있느냐가 점점 중요해지는 것도, 부모
의 후원과 관심이 1등을 만드는 데 큰 역할을 하는 것도 스포츠와 공부의 공통점
입니다. '엘리트 스포츠'라는 이름으로 신기록과 금메달을 위해 구타와 체벌을
당연하게 생각하고, 승부를 조작하고, 실력이 떨어지는 선수들을 철저하게 외
면하고, 마지막에 1등이 모든 것을 가져가는 모습은 또 어떤가요? 시험이 보여
주는 모습과 너무나 똑같습니다.

운동선수들의 극심한 스트레스를 '경쟁 불안'이라고 하지요. 우리가 시험에서
받는 스트레스와 다르지 않습니다. 물론 스포츠도 시험도 좋은 결과를 얻으면
큰 만족감을 얻을 수 있습니다. 그러나 그 만족감은 결
국 다른 사람을 넘어뜨리고 얻는 만족감입니다.
그러나 그러한 만족감은 결국에는 나 또한 다른 누군
가에 의해 뒤로 밀려날 수 있다는 불안감을 가져오게
됩니다.

04

우리에겐 어떤 선생님이 필요할까?

● ● ● 굳이 옛날 옛적 서당까지 떠올리지 않아도 우리 주위의 나이 드신 어른들은 '스승과 제자' 사이를 어린 시절에 대한 그리움과 함께 아름다운 추억으로 간직하고 있습니다. 지금 선생님과 학생 사이는 나중에 우리에게 어떤 기억으로 남을까요? 프랑스의 철학자 리쾨르는 '나–선생님'의 위치를 버리고 '너–학생'과 더불어 살려는 선생님, '나–학생'이라는 생각을 버리고 '너–선생님'을 믿으려는 학생 사이야말로 진짜 '스승과 제자' 사이라고 말하지요. 우리에겐 어떤 선생님이 필요할까요?

그래,

우리에겐 권위 있는 선생님이 필요해

아니야,

우리에겐 친구 같은 선생님이 필요해

생각열기 | 04 | 우리에겐 어떤 선생님이 필요할까?

그리스 신화 속 영웅 오디세우스는 트로이 전쟁에 나가며 친구 멘토르에게 아들 텔레마코스를 맡깁니다. 멘토르는 스승이자 친구이자 상담자가 되어 텔레마코스를 잘 돌보았죠. 그 후 멘토는 다른 사람을 이끌어주는 이를 뜻하게 되었습니다. 학교에서의 멘토는 바로 선생님! 여러분은 어떤 선생님을 원하나요?

start

선생님의 역할 중 가장 중요한 것은 학생들을 공부시키고 모르는 것을 가르치는 등 지식을 전달하는 일이다.

NO

선생님이 아이들을 꽉 잡아 카리스마 있게 수업한다면 자주 화를 내거나 심하게 야단쳐도 아무 상관없다.

NO

YES

YES

어디로 튈지 모르는 우리들에게는 착하고 다정한 선생님보다 아이들을 잘 통제하는 선생님이 필요하다.

YES

선생님과 학생은 결코 동등할 수 없다. 선생님과 학생은 절대로 친구가 될 수 없고 되어서도 안 된다.

YES

NO

YES

NO

엄하고 무서운 선생님이 좋아!

아이들이 선생님을 무서워하지 않으면 수업 분위기도 금방 나빠지고 교실이 아수라장이 된다. 아이들을 꽉 잡아 공부하게 만들어 주고 질서 있고 조용한 교실 분위기를 유지시켜 주는 호랑이 선생님이 최고!

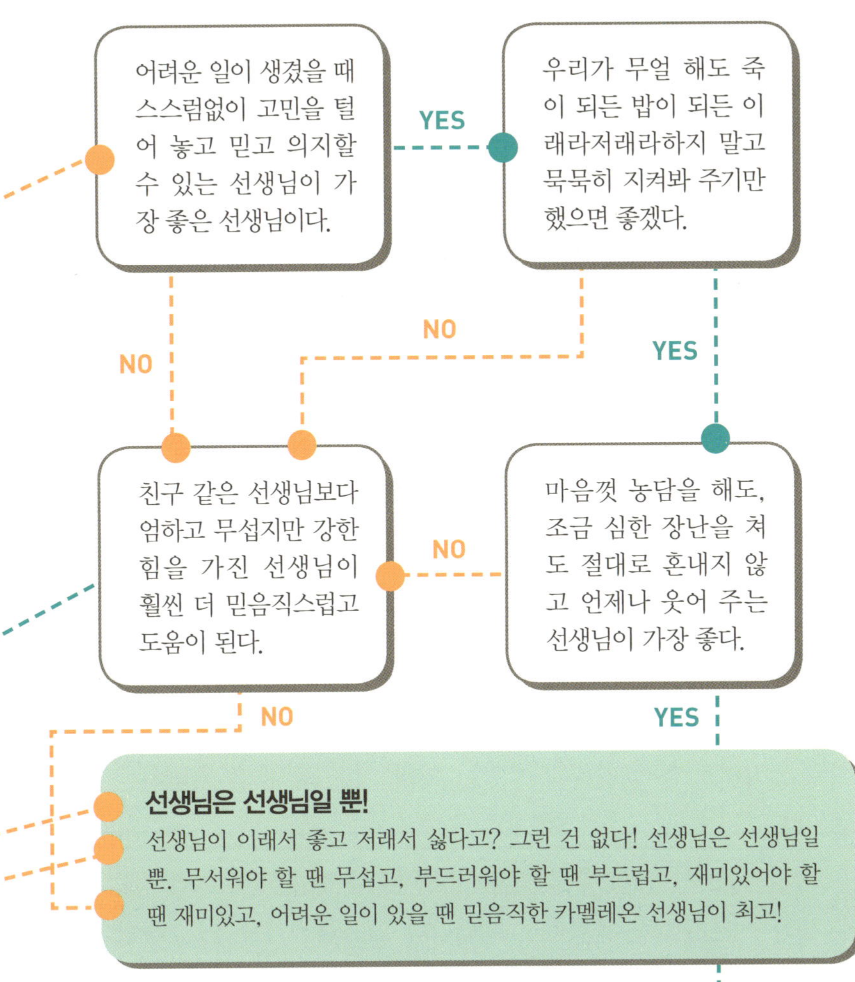

선생님은 선생님일 뿐!

친구 같은 선생님이 필요해!!

그래!
우리에겐 권위 있는 선생님이 필요해

스승이라 불리던 선생님

"스승의 은혜는 하늘 같아서 우러러볼수록 높아만 지네. 참되거라 바르거라 가르쳐 주신 스승은 마음의 어버이시다." 매년 5월 15일 감격에 젖은 목소리로 부르던 노래, 그런데 요즘엔 그날이 재량 휴업일이어서 제대로 불리지도 않아 잊혀지고 있는 노래, '스승의 날'을 기념하는 노래입니다.

나이 드신 어른들은 자신들이 학생이었을 때 순수한 마음으로 눈물을 흘리며 이 노래를 불렀다고 말합니다. 그분들에게는 '스승과 제자'라는 말이 주는 향수가 있습니다. 굳이 옛날 옛적 서당까지 떠올리지 않아도 그분들의 마음속에 '스승과 제자'는 아름다운 기억으로 남아 있지요. '스승'이라는 말은 어린 시절에 대한 그리움과 함께 그분들 마음에 특별한 감정을 불러일으킵니다. 때문에 지금 세상엔 진정한 스승도 진정한 제자도 없다고 한숨을 쉬지요.

80

오늘날 우리는 '스승과 제자'라는 말 대신 '교사와 학생'이라는 말에 더 익숙합니다. 똑같은 말이지만 느낌은 다릅니다. '스승과 제자'가 옛것이고, '교사와 학생'이 새것이라는 단순한 차이점 때문만은 아닙니다. 교사라는 말은 전문적이고 직업적인 느낌이 들지요. 무한 경쟁 시대인 오늘날 배움과 가르침도 시장에서 물건을 사고팔 듯 지식을 교환하는 관계로 변했습니다. 교육은 서비스업일 뿐이라는 말도 하지요. 이런 현실에 스승과 제자라는 말은 어울리지 않는 것 같습니다.

하지만 여전히 선생님은 다른 직업과는 다릅니다. 다양한 수업 기술을 사용해 자신이 가진 전문 지식을 학생들에게 잘 전달하는 것만으로는 부족합니다. 이것만이 선생님의 전부라면 선생님은 학원 선생님과 다를 바 없겠지요. 실제로 학원 선생님들 중에는 지식을 전달하는 기술이 학교 선생님보다 뛰어난 사람들도 많습니다.

우리에게 선생님은 이제 막 세상을 알아가는 학생들에게 지식 말고도 우리가 살아가야 할 사회의 가치와 규범, 생활 양식을 가르쳐 주는 사람입니다. 학생들을 학교 밖 세상과 연결해 주는 사람이지요. 또 선생님은 학교라는 사회에서 일어나는 온갖 사건과 갈등을 다루고 해결하는 사람입니다. 학생들은 선생님을 통해 문제를 해결하는 법을 배우고 여러 가지 조언과 안내를 받습니다. 선생님은 성장 과정에 있는 학생들이 몸도 마음도 건강한 어른이 될 수 있도록 도와주는 사람입니다. 그래서 어

스위스 이베르돈에 있는 교육자 페스탈로찌의 동상

떤 사람들은 선생님을 부모에 비유하며 헌신적인 봉사와 희생을 요구하기도 하지요.

이런 선생님의 역할을 생각해 볼 때 우리에게 필요한 선생님은 과연 어떤 선생님일까요? 학원 선생님처럼 지식과 요령만 기술적으로 전달하는 선생님이 아니라 세상을 살아갈 지혜도 함께 가르쳐 주는 스승 같은 선생님이 아닐까요?

진짜 권위와 가짜 권위

학교가 무너지고 선생님에 대한 존경심이 땅에 떨어졌다는 오늘날, 선생님이 학생들을 바르게 이끌어 주기 위해서는 선생님에게 힘이 있어야 합니다. 우리는 그 힘을 권위라고 부르지요. 흔히 권위 있는 선생님이라고 말하면 학생들은 바로 호랑이 선생님을 떠올립니다. 그러면서 무서운 선생님보다는 친구 같은 선생님이 훨씬 더 좋다고 입을 모으지요. 하지만 이런 생각은 권위에 대한 오해에서 비롯된 생각입니다.

행동이 느리거나 말대꾸라도 하면 불호령이 떨어진다. 낮고 무서운 목소리로 "숙제 안 해 온 사람, 자리에서 일어나라." 하고 말하면 교실은 당장 얼어붙는다. 굳은 표정과 꾹 다문 입술로 몽둥이를 들고 다닌다. 몽둥이로 때리는 법은 없지만 엎드려 자는 학생이 있으면 눈을 부릅뜨고 몽둥이로 교탁을 탁탁 두들긴다. 교실은 쥐 죽은 듯 조용해진다.

"야 인마!" "이 자식! 저 자식!" 이런 말을 하는 법이 없다. 목소리도 크지 않고 몸집도 작다. 가르치는 아이들 모두의 이름과 얼굴을 알고 있고 아이들의 시시한 농담도 하던 일을 멈추고 들어 준다. 시간이 날 때마다 어떤 삶이 나은 삶인지에 대한 이야기를 찾아 들려준다. 교실이 소란스럽다가도 선생님이 손가락을 입가에 가져가는 작은 손짓만으로도 금방 조용해진다.

여러분은 둘 중 어떤 선생님이 권위가 있는 선생님이라고 생각하나요? 오늘날 학교와 사회에는 선생님의 권위에 대한 오해가 존재합니다. 흔히 권위적인 선생님이라고 말하면 학생들에게 무섭게 대하거나 학생들을 단번에 휘어잡는 카리스마 넘치는 선생님을 떠올립니다. 강한 힘으로 상대방을 누르고 강제로 복종시킬 수 있는 힘을 권위라고 생각하는 것이지요. 하지만 이런 힘은 권위가 아닙니다.

영화 〈코러스〉는 2차 세계 대전 후 프랑스의 작은 기숙 학교를 보여 줍니다. 교장 선생님은 가난과 전쟁의 고통에 찌들 대로 찌든 말썽쟁이 문제아들을 수시로 때리고 가둡니다. 아이들을 체벌과 강압으로 통제하며 "작용과 반작용"을 외치지요. 힘과 폭력으로 학생을 대하면 복종이라는 결과가 나온다고 생각하는 것입니다. 이렇게 자신의 힘을 과시하며 상대방에게 무조건 복종을 요구하는 태도를 권위주의라고 부릅니다. 이런 선생님들은 권위가 있는 선생님이 아니라 권위주의에 빠진 선생님일 뿐입니다.

〈코러스〉에는 또 한 명의 선생님이 등장합니다. 실패한 작곡가였던 마티유 선생님은 아무리 거칠게 반항하는 아이라 해도 절대 포기하지 않고 합창을 가르치며 아이들에게 다가갑니다. 억눌려 있던 아이들도 마음의 문을 열고 자신들의 재능을 마음껏 발휘하지요. 학생들 하나하나를 존중하고 사랑을 베풀어 주는 선생님을 누가 존경하지 않을 수 있을까요? 아이들이 마티유 선생님을 따른 까닭은 선생님이 특별한 힘을

크리스토퍼 파라티에 감독, 〈코러스〉, 2004

갖고 있기 때문입니다. 시키지 않아도 열심히 하고 싶게 만들고, 억지로 끌어당기지 않아도 먼저 다가가게 만드는 힘, 시키지 않아도 열심히 하고 싶게 만들고, 억지로 끌어당기지 않아도 먼저 다가가게 만드는 힘, 그 힘이 바로 권위지요. 올바른 권위를 갖고 있는 선생님을 만나면 학생들은 선생님의 특별한 지시나 명령이 없어도 스스로 따르려 합니다.

교육 철학자 피터즈는 선생님에겐 지적인 권위와 직위에 따른 권위가 있다고 말했습니다. 지적인 권위란 학생들에게 지식을 가르칠 때 필요한 권위입니다. 선생님은 이 권위를 사용해 자신이 전공한 교과목을 효과적으로 가르쳐 학생들이 배움에 대한 호기심과 놀라움을 잃지 않도록 이끕니다. 직위에 따른 권위란 사회가 선생님에게 맡긴 특별한 임무를 수행하기 위해 필요한 권위입니다. 선생님은 이 권위를 사용해 미래의 사회 구성원들인 학생들에게 사회가 원하는 삶이 어떤 것인지, 어떤 사람이 사회에 꼭 필요한 사람인지 가르칩니다.

피터즈는 정말로 권위 있는 선생님은 지적인 권위와 직위에 따른 권위를 동시에 갖고 있다고 말합니다. 이 두 가지 권위를 가진 선생님이 바로 우리에게 필요한 선생님입니다. 우리는 선생님이 가르치면서 보여 주는 열정과 진지한 모습, 힘 있게 학생들을 이끄는 모습에 저절로 존경하는 마음을 품게 되지요. 그 순간 우리는 스스로 선생님을 따르게 됩니다.

선생님은 친구가 될 수 없다

학생들은 친구처럼 편안한 선생님을 원합니다. 하지만 선생님은 친구가 될 수 없습니다. 친구 같은 선생님은 학생들을 우왕좌왕하게 만들고 심하면 학생들에게 끌려다니기도 합니다. 우리에겐 학생들을 힘 있게 끌고 갈 수 있는 선생님이 필요합니다. 무섭게 혼내고 야단치는 것이 아니라 믿고 의지할 수 있는 강한 힘을 보여 주는 선생님이 필요합니다.

1968년, 프랑스에서는 대학생들이 구세대의 잘못된 정치와 사회 문제에 저항하며 낡은 전통과 질서를 뒤엎어 버리는 68혁명이 일어났습니다. 독일의 철학자 한나 아렌트는 『과거와 미래 사이』라는 책에서 이 68혁명이 집, 회사, 공장, 언론, 정치 등 사회 모든 곳에서 수직적인 소통방식과 권위주의를 무너뜨린 것은 환영하지만 학교에서 교사의 권위까지 무너뜨려 버린 것은 문제라고 말했습니다. 학교는 다른 사회와는 다르다고 보았기 때문이지요. 그러면서 전통적인 교사의 권위가 되살아나야 교육이 살 수 있다고 주장했습니다.

선생님이 학생들을 올바른 인간으로 성장하도록 이끄는 것은 사회의 명령이자 의무입니다. 때문에 선생님은 학생들을 이끌 권위가 있어야 합니다. '막장 교실' '무너진 학교'라는 말까지 나오는 지금 우리의 학교에선 더더욱 권위 있는 선생님이 필요합니다. 학생은 선생님의 권위를 존경하고 선생님은 학생의 가능성과 인격을 존중한다면 학교는 금방 정상으로 돌아오지 않을까요? 우리에겐 존경하고 따를 수 있는 권위 있는 선생님, 스승이라 부를 수 있는 힘 있는 선생님이 필요합니다.

● ● ● ● ● ● **68혁명, 한나 아렌트**
68혁명은 국가의 일방적인 통제와 답답한 권위주의, 소비 사회에서 인간의 소외, 의미 없는 전쟁에 반대하며 일어난 혁명이다. 정치 혁명이라기보다 문화 혁명으로 프랑스에서 시작해 유럽 전역을 뒤흔들었다. 이 혁명으로 유럽 사회 곳곳에서 권위주의가 무너져 내렸다. "상상력에게 권력을." "불가능한 것을 요구하라." "사랑을 하면 할수록 더욱 혁명을 하고 싶어진다. 혁명을 하면 할수록 더욱 사랑을 하고 싶어진다." "개인적인 것이 정치적인 것이다." 등의 슬로건으로 유명하다.
한나 아렌트(1906~1975)는 독일 태생의 유대인 정치철학자이다. 1, 2차 세계대전 등 비극적인 사건들을 계기로 사회적인 악과 폭력의 본질에 대해 연구했으며, 파시즘과 나치즘, 스탈린주의 등의 전체주의를 비판했다. 『전체주의의 기원』 『인간의 조건』 『예루살렘의 아이히만』 등을 썼다.

아니야!
우리에겐 친구 같은 선생님이 필요해

선생님과 친구가 될 수 있다면

여러분은 어떤 선생님을 원하나요? 2011년 5월, 한 인터넷 교육 서비스 회사에서 중학생들이 어떤 선생님을 가장 좋아하는지 설문 조사를 했습니다. 결과를 보면 잘생긴 선생님은 2.2퍼센트, 잘 가르치는 선생님과 차별하지 않는 선생님이 둘 다 9퍼센트를 차지했지요. 1위는 어떤 선생님이었을까요? 바로 친구처럼 편안한 선생님으로 무려 65.8퍼센트의 학생이 친구 같은 선생님을 원했습니다.

학생들은 왜 친구 같은 선생님을 원할까요? 아마도 가장 중요한 이유는 지금 우리나라 학생들의 일상이 힘들고 고달프기 때문일 것입니다. 좋은 대학에 들어가는 것을 목표로 학교와 학원을 오가며 빡빡하고 숨 막히는 생활에 지친 학생들이 무섭거나, 혹은 무관심한 선생님을 좋아할 리 없지요. 개그 프로그램 흉내까지 내면서 온갖 재미있는 이야기를 들려주고, 패스트푸드도 사 주고 노래방에도 함께 가 주는 학원 선생

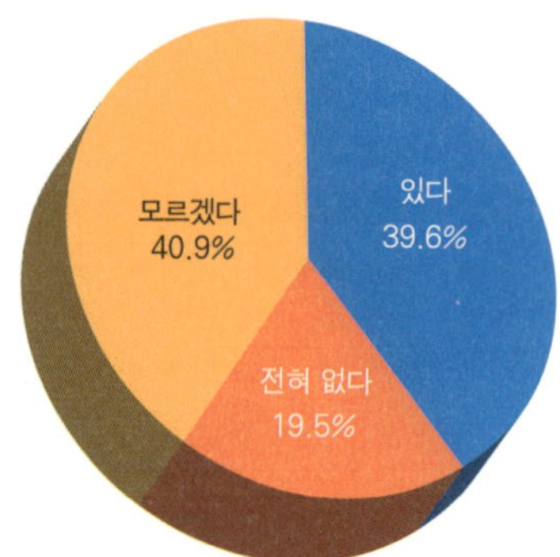

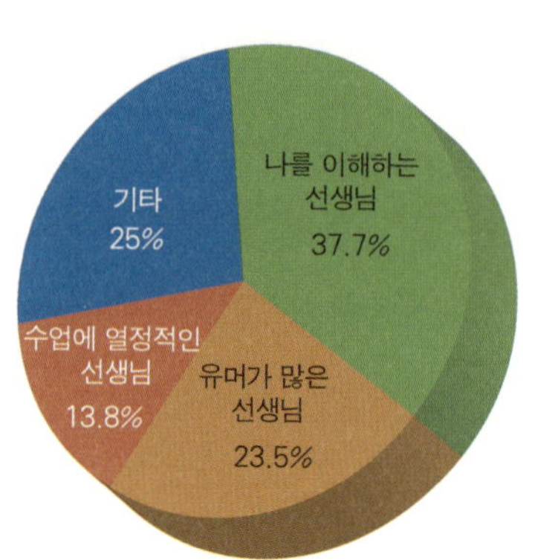

님들을 보면서 무덤덤한 학교 선생님에 대해 불만도 생깁니다.

학원 선생님은 다른 학원과 경쟁해야 하고 학생들의 행동에 직접 책임지지 않아도 되기 때문에 더 재미있고 더 편안하게 학생들을 대하는지도 모릅니다. 물론 학교에도 친구처럼 편안한 선생님들이 있습니다. 하지만 많은 선생님이 학생들과 거리가 있지요. 대부분의 선생님은 학생들이 좋아하는 최신 가요도 잘 모르고, 학생들이 쓰는 줄임말도 알아듣지 못합니다. 선생님 학교 다닐 때 이야기만 하는 선생님에게 세대 차이를 느낄 수밖에 없지요. 친구 같은 선생님이라면 학생들이 좋아하는 것이 무엇인지 알아주고 이야기도 잘 통하지 않을까요? 친구 같은 선생님이라면 성적과 진로뿐 아니라 왕따 문제나 이성 친구 문제까지 솔직하게 얘기할 수 있을 것 같습니다. 그러나 이야기를 들어주기는커녕 보기만 하면 잔소리를 하고 혼내는 선생님이 대부분이지요.

"나는 학생을 절대 야단치지 않는다. 아이들은 모두 '꽃을 피우는 씨

앗'이라고 생각하기 때문이다. 어떤 꽃씨라도 심은 사람이 제대로 심고, 시간을 들여서 가꾸면 반드시 꽃을 피운다. 아이들도 마찬가지다. 만약 꽃을 활짝 피우지 못하고, 그대로 시들어 버리거나 말라 버리는 아이가 있다면 그것은 분명 어른들의 잘못이다. 그리고 아이들은 그 피해자다. 나는 그런 피해자인 아이들과 만나기 위해 오랫동안 밤거리에서 살았다. 그 아이들을 구하기 위해서가 아니다. 나는 그들 옆에 있고 싶었다."

밤의 선생님이라 불리며 모든 권위를 벗어던지고 방황하는 아이들의 친구가 되어 준 일본의 미즈타니 선생님의 말입니다. 미즈타니 선생님은 도둑질을 했다고, 친구를 왕따시키고 괴롭혔다고, 학교도 안 가고 집에만 처박혀 있었다고 고백해도 언제나 "괜찮아."라고 대답해 줍니다. "어제까지의 일들은 전부 괜찮단다. 지금까지 정말 잘 살아 줬어."라고 말하면서요. 우리에겐 이런 선생님이 필요합니다.

우리를 믿고 지켜봐 주세요

학생들이 친구 같은 선생님을 원한다고 말하면 선생님은 학생과 친구가 될 수도 없고 되어서도 안 된다는 대답이 돌아옵니다. 아직 미성숙하고 보호받아야 할 학생을 가르치고 지도하려면 권위가 있어야 한다면서요. 하지만 권위는 잘못하면 독재가 될 수 있습니다. 학생을 위해서라는 이유로 원하지도 않는 걸 강제로 요구할 수 있기 때문입니다.

놀면서 배우기로 유명한 영국의 대안학교 서머힐을 만든 교육학자 닐은 선생님에겐 권위가 필요 없다고 말합니다. 그는 어린이와 청소년은 스스로 자기가 무엇을 해야겠다고 확신을 할 때까지 아무것도 강요해서는 안 된다고 말합니다. 인간에게 가장 불행한 일은 다른 사람이 가하는 압력과 간섭이며, 설사 그것이 교황, 국가, 선생님, 부모라 해도 압

샤르댕, 〈개인 교사〉, 1738

력과 간섭을 해서는 안 된다고 주장하지요.

서머힐의 선생님들은 학생들에게 이것을 하고 저것을 하지 말라고 전혀 강요하지 않습니다. 심지어 서머힐의 아이들은 수업에 들어갈지 말지조차 자기 마음대로 정합니다. 학생에게 수업 선택권을 주는 것이지요. 학생이 원하면 며칠, 몇 달이 아니라 몇 년씩이나 수업을 듣지 않아도 됩니다. 보통의 학교에서는 상상도 할 수 없는 일이지요. 자율 학습도 강제로 해야 하는 우리나라 학교에서는 꿈도 꿀 수 없는 일입니다. 서머힐 학생들은 수업에 들어가지 않는 대신 학교 안을 돌아다니면서 자유롭게 놀지요. 그리고 선생님이 아무 간섭 없이 내버려 두어도 늦어도 열세 살 무렵이면 수업을 듣기 시작한다고 합니다.

그렇다고 서머힐에 아무런 규제가 없는 것은 아닙니다. 다른 사람에게 상처나 피해가 되는 일은 할 수 없으며 학교의 모든 규칙은 선생님과 학생 모두가 참석하는 학생 회의에서 정한다는 규칙이 있지요. 학생 회의에서는 학생도 교장 선생님도 똑같이 한 표를 행사합니다. 학생들은 이렇게 스스로 정한 규칙들을 누가 말하지 않아도 열심히 지킵니다. 자율의 힘이지요.

학생에게는 권위 있는 선생님이 필요하다고 주장하는 사람들은 서머힐이 아이들을 방치하고 제대로 교육하지 않는다고 비판할지도 모릅니다. 대부분의 사람들은 성장 과정에 있는 청소년들은 미성숙하기 때문에 아직 자신의 삶에 책임을 질 수 없고, 따라서 자기의 삶을 스스로 결정하게 해서는 안 된다고 말합니다. 그래서 힘 있게 이끌어 줄 선생님이 꼭 필요하다고요. 하지만 서머힐의 선생님들은 "아이들에게 모든 것을 맡겨 두면 스스로 자란다."라고 말합니다. 그 말 속에는 학교와 학생 간의 믿음, 선생님과 학생 간의 믿음이 깔려 있지요.

'나'를 낮추고 '너'를 높이는 관계

프랑스의 철학자 리쾨르는 학생과 선생님 사이의 신뢰와 배려를 강조했습니다. 그리고 학생과 선생님을 '나'와 '너'라는 도덕적인 틀로 설명했지요. '나'는 철학자 데카르트의 유명한 말인 "나는 생각한다. 그러므로 존재한다."에서 출발합니다. 생각하는 '나'는 세상의 중심이나 마찬가지이기 때문에 '나'는 다른 사람들을 멋대로 판단하고 '나'의 입장에 따라 행동할 것을 요구하지요. 철학자 레비나스는 이와 같은 생각이 히틀러의 유대인 대학살의 근거가 되었다고 주장합니다. '나'만 강조하고 '나'만 우선시하면서 '너'를 무시하는 것이 폭력의 시작이라는 거지요. 리쾨르는 지나치게 높아진 '나'의 가치를 낮추고 지나치게 낮아진 '너'의 가치를 높여 '나'와 '너'를 평등한 관계가 되도록 만들어야 한다고 말했습니다. '너와 더불어, 너를 위해서 사는 삶'이 가치 있는 삶이고 그러기 위해선 '나'와 '너' 사이의 신뢰와 배려가 밑거름이 되어야 한다고요.■

리쾨르의 말대로 잘못하면 억압적일 수도 있는 '나-선생님'의 위치를 버리고 '너-학생'과 더불어 '너-학생'과 함께 사는 삶을 사는 선생님이 필요합니다. 학생도 마찬가지입니다. 선생님은 무섭고 재미없는 사람이라는 '나-학생'의 생각을 버리고 '너-선생님'을 믿어야 합니다.

물론 선생님과 학생 사이에는 현실적인 불균형이 존재합니다. 선생님이 훨씬 전문적인 지식을 갖고 있고 경험도 풍부하며 나이도 많지요. 그럼에도 신뢰와 배려만 있다면 선생님과 학생은 '나와 너'사이, 친구 사이가 될 수 있습니다. 친구 같은 선생님은 학생을 자신이 원하는 방향으로 무작정 끌고 가려 하지 않습니다. 우리에겐 우리를 믿어 주고 우리 스스로 길을 찾도록 기다려 줄 수 있는 친구 같은 선생님이 필요합니다.

●●●●●●리쾨르, 데카르트, 레비나스
리쾨르(1913~2005)는 프랑스의 현대 철학자이다. 삶과 죽음, 신과 인간의 관계, 문학, 언어, 정신 분석 등 다양한 분야에 깊은 관심을 기울여 그의 철학을 '온갖 대화의 철학'이라 부른다.
근대 철학의 아버지로 불리는 프랑스의 철학자 데카르트(1596~1650)는 신 중심의 철학을 인간 중심의 철학으로 바꿔 놓았다.
레비나스(1906~1995)는 리투아니아 출신의 프랑스 철학자로, 서양 철학의 전통인 '나' 중심의 사고를 비판하며 다른 사람에 대한 윤리적인 책임을 강조했다.

입장 정하기

● 다음 쟁점에 대하여 자신의 입장을 정하고 근거를 제시해 봅시다.

> **쟁점 ❶** | 권위는 강제로 상대방을 복종시키는 힘이다.

입장 :

근거 :

> **쟁점 ❷** | 선생님의 역할 중에 학생들에게 사회가 요구하는 지식과 가치를 전달하는 일이 학생 개개인의 가능성을 끌어내는 일보다 더 중요하다.

입장 :

근거 :

> **쟁점 ❸** | 선생님은 학생과 친구가 될 수 없다.

입장 :

근거 :

● 만일 여러분이 선생님이 된다면, 여러분이 맡은 학급을 어떤 분위기로 만들고 싶은가요? 그 이유를 구체적으로 정리해 보세요.

애니 설리반과 곽탁타

애니 설리반은 보지도 듣지고 말하지도 못했던 헬렌 켈러를 가르친 선생님입니다. 중국 고전인 『고문진보』에는 나무를 잘 기르기로 유명했던 곽탁타라는 사람의 이야기가 나오지요. 두 선생님을 따라 가르친다는 것과 배운다는 것을 다시 생각해 봅시다.

세상을 보여주는 방법

애니 설리반은 헬렌 켈러를 어떻게 가르쳤을까요? 태어난 지 19개월 만에 보지도, 듣지도, 말하지도 못하게 된 아기, 잠에서 깨어나 보니 모든 게 깜깜하고 조용해서 밤이 되었다고 생각했지만 아무리 기다려도 낮이 오지 않고, 그러다가 원래 낮이 있다는 사실조차 잊어버리고 마음의 문을 닫은 아이에게 어떻게 세상을 보여 주었을까요?

설리반이 손바닥에 '물'이라는 글자를 써 주고 펌프에서 물이 나오는 것을 느끼게 해 글자와 사물의 연관성을 알려 준 이야기는 유명합니다. 설리반은 점자와 수화를 가르치는 데 그치지 않고 손으로 상대방의 얼굴을 만져서 입술의 모양과 움직임, 혀의 위치, 목젖의 상태와 움직임 등을 느끼도록 한 뒤 그걸 그대로 흉내 내서 소리를 내도록 연습시켰고, 힘들고 고통스러운 과정을 함께하며 결국 헬렌이 말을 할 수 있게 만들었지요. 설리반은 언제나 철저하게 헬렌의 입장에서 생각했습니다. 오로지 촉각만이 살아있는 헬렌에게 촉각으로 다가가 세상의 문을 열어 준 것입니다.

곽탁타의 나무 기르기

곽탁타는 곱사병을 앓아 등이 굽었는데 사람들이 낙타라
는 뜻을 가진 탁타라고 부르며 놀려댔습니다. 그러자 곽탁타
는 "내게 꼭 맞는 이름이다."라며 원래 이름을 버리고 곽탁타로
살았습니다. 곽탁타의 직업은 나무를 심는 일이었습니다. 그런데 곽탁타가 심
은 나무는 옮겨 심더라도 죽는 법이 없었고 잘 자라 열매도 많이 달렸지요. 다른
사람들이 아무리 흉내를 내도 곽탁타처럼 잘 기를 수 없었습니다. 사람들이 그
까닭을 묻자 곽탁타는 다음과 같이 대답했습니다.

"나에게는 나무를 오래 살게 하거나 열매를 많이 맺게 할 힘이 없습니다. 원래
나무가 갖고 있는 본성이 잘 발휘되게 할 뿐이지요. 나무는 뿌리가 퍼질 수 있도
록 흙을 북돋워 주고 단단하게 다져 주기를 바랍니다. 일단 나무를 그렇게 심고
난 후에는 염려해서도 안 되고 다시 돌아보지도 말아야 합니다. 심을 때는 자식
처럼 심고 그 다음에는 버린 듯 놓아두어야 합니다. 그래야 나무가 천성을 온전
히 발휘할 수 있습니다. 나는 그 성장을 방해하지 않을 뿐, 감히 자라게 하거나
무성하게 하거나 열매를 많이 맺게 할 수 없습니다. 다
른 사람은 그렇게 하지 않습니다. 뿌리는 접히게
하면서 흙은 바꿉니다. 또 흙도 지나치게 북돋
우거나 모자라게 합니다. 잘 심고 나서도
사랑이 지나치고 근심이 지나쳐 아침
에 와서 보고는 또 저녁에 와서 만지는
가 하면 갔다가는 다시 돌아와 또 살펴
봅니다. 손톱으로 껍질을 찍어 보고 살
았는지 죽었는지 조사하는가 하면 뿌리를
흔들어 보고 잘 서 있는지 확인합니다. 이렇
게 하는 사이에 나무는 차츰 본성을 잃어버
립니다. 비록 사랑해서 하는 일이지만 그것
은 나무를 해치는 일입니다. 나는 그렇게 하
지 않을 뿐입니다."

남녀 합반이 좋을까 남녀 분반이 좋을까?

● ● ● 여러분의 부모님, 혹은 조부모님 시절에는 남녀 합반은커녕 남녀 공학도 흔하지 않았습니다. 중학생이 되면 교복을 입고 남중, 여중에 따로 입학해야 했지요. 그러다가 점점 남녀 공학 학교가 많아지기 시작해 지금은 전통을 중요하게 생각하는 사립학교 말고는 대부분의 중학교가 남녀 공학, 남녀 합반을 하고 있습니다. 그런데 다시 남녀 분반, 남녀 별학으로 돌아가자는 이야기가 심심찮게 흘러나오는 요즘, '따로 효율적으로' 분반이 좋을까요, 아니면 '함께 조화롭게' 합반이 좋을까요?

그래,
남녀 분반이 더 효율적이야

아니야,
남녀 합반이 더 자연스러워

사람들은 자신이 어떤 입장에 서 있느냐에 따라 다른 생각을 하기 마련입니다. 다음 이야기를 읽고 남녀 합반이라서, 반대로 분반이라서 스트레스를 받고 전학까지 결심하고 있는 친구들에게 여러분이 직접 선생님, 부모님, 남학생, 여학생의 입장이 되어 조언을 해 봅시다.

우람이를 부탁해

우람이는 요즘 통 수업시간에 집중이 안 된다. 선영이가 딱 대각선 자리에 앉아 있어서 선생님과 칠판을 쳐다보려면 시선이 꼭 선영이 옆모습에 꽂히게 된다. 그러면 선생님 말씀도 귀에 잘 들어오지 않고 선영이의 작은 웃음소리, 대답 소리만 들린다.

우람이는 생각한다. '선영이가 원래 이렇게 예뻤었나? 내 눈이 어떻게 된 게 아닐까?' 어디 그뿐인가. 쉬는 시간에는 선영이와 다른 여자애들이 이야기하는 곳으로 괜히 지나가고 여자애들한테 어줍잖은 장난을 치게 된다. 그냥 몇 마디 농담 건네는 것인데도 남자애들하고 놀 때와는 다르게 자꾸 가슴이 콩당콩당 뛰고 얼굴이 화끈거린다.

너무 어색하고 신경이 쓰이다 보니 우람이는 옆 동네 남중으로 전학가고 싶은 생각까지 들었다.

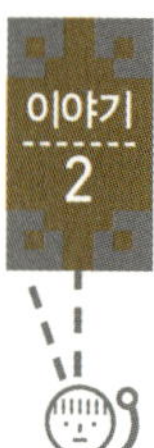

미란이에게 생긴 일

미란이는 너무 화가 나서 점심도 거르고 운동장 벤치에 앉았다. 왜 그래야 되지? 어제 늦게까지 남아서 발표 자료를 예쁘게 꾸미느라 애쓴 사람들은 우리 여자 임원들인데, 결국 대표로 나가서 발표하는 것은 남자 임원들이 다 했다.

미란이는 생각한다. '선생님은 같은 여자면서 왜 남자 임원들을 반

대표로 내세워 발표를 시키시는 것일까? 사람들 앞에 나서는 건 여자보다 남자가 더 어울린다고 생각하시는 거 아니야? 너무해. 차라리 우리 반에 여자애들만 있었으면 내가 발표할 수 있었을 텐데.' 점심시간이 끝나는 종소리에 일어난 미란이 앞으로 운동장에서 축구하던 남자애들이 우르르 지나간다. 땀과 먼지로 범벅이 되어 씻지도 않고 냄새 풍기며 교실로 들어가는 남자애들을 보자, 미란이는 옆 동네 여중으로 전학가고 싶은 마음이 들었다.

미루와 가람이의 결심

미루와 가람이는 사이좋기로 유명한 쌍둥이 오누이이다. 언제나 모든 것을 같이하는 사이좋은 남매였는데 중학생이 되고부터 서먹해졌다. 초등학교 때까지 늘 붙어 다니며 숙제도 같이 하고 친구들도 서로 섞여 참 재미있게 지냈는데 이상하게 그런 일이 점점 줄어들었다. 싸운 것도 아니고 불만이 있는 것도 아니다.

미루는 요즘 들어 부쩍 가람이를 이해할 수 없다. 미루의 행동이나 옷차림을 못마땅해하며 엄마 보다 더 많이 잔소리를 하는 데다 고민이 있다길래 얼른 답을 말해 줬더니 자기 마음도 몰라준다며 도리어 화를 냈다. 가람이도 마찬가지다. 미루가 고민이 있는 것 같아 이야기를 들어주려 했더니 자기 좀 가만히 내버려 두라고 소리를 지르는 게 아닌가?

미루와 가람이는 생각한다. '우리가 서로 다른 남중, 여중에 다니다 보니 생활하는 공간이 달라져 서로를 더 이해하지 못하는 것 같아. 한날한시에 태어난 우리가 서로를 이렇게 이해 못하면 다른 애들은 어떻게 되는 거야?'

며칠 후 둘은 식탁 앞에서 부모님께 똑같이 이야기한다. 내년에는 옆 동네 남녀 공학 합반하는 중학교로 전학시켜 달라고.

그래!
남녀 분반이 더 효율적이야

남녀칠세부동석? 남녀칠세부동학!

여러분은 우리나라에 중학교가 전부 몇 개나 있는지 알고 있나요? 2012년 현재 3,153개의 중학교와 33개의 분교가 있답니다. 그중에서 남녀 합반으로 운영되는 중학교는 얼마나 될까요? 모두 2099곳으로 전체 중학교의 66.6퍼센트에 이릅니다. 남녀 합반 중학교가 생각보다 많은가요, 적은가요? 전체 중학교의 3분의 2 정도가 남녀 합반을 하고 있고, 새로 생기는 학교는 모두 남녀 합반을 하는데도 남녀 분반이 필요하다는 이야기가 끊임없이 흘러나오는 이유는 무엇일까요?

남녀 합반을 반대하는 가장 큰 이유는 바로 이성에 대한 관심으로 인해 학업 성취도가 떨어진다는 믿음 때문입니다. "남녀 합반 학생들은 머리 한 번 더 빗고 거울 한 번 더 본다."라는 말이 있지요. 물론 아직 이성에 눈뜨지 않은 '어린' 친구들, 이성에 대한 관심을 좋은 방향으로 돌려서 공부를 더 열심히 하는 '독한' 친구들도 있습니다. 그러나 그런 친구들은 극소수입니다. 대부분의 중학생들은 초등학생일 때와는 달리 몸도 마음도 많은 변화를 겪고 있지요. 사춘기는 하루에도 열두 번씩 마음이 들쑥날쑥하는 혼란스러운 아노미 상태, 거센 바람과 파도에 온몸이 흔들리는 것 같은 질풍노도의 시기입니다. 이런 중학생들의 마음을 가장 크게 뒤흔들어 놓는 대상은 자신도 모르게 끌리는 이성 친구들이고요. 그 이성異性이 여성 남성이 아니라 생각하는 힘인 이성理性이면 얼마나 좋을까요? 하지만 머리에서 골백번 결심한 것과는 정반대로 흘러가는 것이 마음이라 생각과 상관없이 나오는 행동들에 스스로도 화들짝 놀라지요.

봄바람에도 마음이 싱숭생숭, 가을 낙엽만 보아도 이유 없이 눈물이 쪼르륵 나는 대부분의 감수성 예민한 '평범한' 중학생들에게 하루의 대부분을 이성 친구와 같은 공간에서 생활하는 일은 유혹적일 수밖에 없습니다. 자연스럽게 이성 교제의 기회도 높아지고, 서로에게 잘 보이려고 외모 및 옷차림에 과도하게 신경을 쓰지요. 쉬는 시간 복도에서 커플들끼리 과감한 스킨십에 뽀뽀를 넘어 키스까지 하는 낯 뜨거운 일들이 생기고, 그걸 보는 선생님들도 딱히 야단치시지 못해 통제가 안 됩니다. 이런 분위기는 이성 친구에게 별로 관심 없던 학생들까지 자극하지요. 그러다 보니 남녀 합반의 친구들 중에는 벌써 어른들이 걱정하는 수준까지 간 친구들도 있고, 십 대에 엄마 아빠가

브랑쿠시, 〈입맞춤〉, 1923

될 수도 있는 엄청난 사건이 벌어지기도 합니다.

물론 중학교 때 연애를 경험하는 게 나쁜 일이라거나 모든 이성 교제를 막아야 한다는 말은 아닙니다. 그러나 아직 미성숙하고 자기 통제 능력이 부족한 중학생들에게 남녀 합반은 몸과 마음을 자극하는 환경이 될 수 있습니다. 학교는 공부를 하는 곳이고 즐겁게 생활하는 곳인데, 청소년들이 쉽사리 나쁘게 행동할 수 있는 조건들을 만들어 두고는 그걸 알아서 극복하고 피해 다니라는 건 사춘기 중학생들에게 너무 잔인한 처사가 아닐까요?

남녀가 함께 공부하면 학업 집중도가 떨어진다는 사실은 최근 들어 더욱 분명해지고 있습니다. 2012년 우리나라 대학수학능력시험을 분석한 결과 남녀 공학 학교의 성적이 남자 고등학교나 여자 고등학교보다 전 영역에서 낮았습니다. 2003년부터 2007년까지의 고등학교 1학년 학생들의 학업성취도평가 결과를 보아도 국어, 사회, 수학, 과학, 영어 5개 영역에서 남녀 공학 학교가 모두 낮은 점수를 기록했지요. 고등학교의 경우 남녀 공학이라 하더라도 대부분 학업을 위해 남녀 분반을 하고 있습니다. 그런데도 성적이 좋지 않았다면 합반을 할 경우 더욱 성적이 떨어지지 않을까요?

학업 성적 때문에 남녀를 다시 따로 교육하려는 현상은 우리나라 이야기만은 아닙니다. 남녀 합반이 선진국의 학급 모델처럼 여겨지지만 최근 상당한 변화가 생기고 있지요. 2005년 영국 케임브리지대학 연구팀은 4년 동안 만 11세부터 15세까지의 학생들이 다니는 50개 남녀 공학 중학교를 대상으로 조사한 결과, 남녀 합반 때보다 남녀 분반 때의 학업 성취도가 더 높았다는 사실을 발표했습니다. 남녀 합반의 경우 여학생에게 잘 보이려고 우쭐대는 남학생들의 태도가 남학생들의 성적을 떨어뜨렸기 때문이었습니다. 미국 워싱턴 DC의 모턴 초등학교의 경우에도 2011년 남녀 합반을 남녀 분반으로 재편성하자 읽기 과목에서 최우수와 우수 성적을 받은 학생의 비율이 1년 만에 50퍼센트에서 91.5퍼센트로 증가했다고 합니다.

무조건 합반 NO, 차이를 인정한 교육 YES

물론 학업 성적만이 학교의 가장 큰 목표는 아닐 것입니다. 어쩌면 학교 특성과 학급 운영에 따라 얼마든지 남녀 합반 안에서도 좋은 면학 분위기를 조성할 수 있을지도 모릅니다. 여자 남자 나누지 않고 오직 같은 '인간'이라는 점에서 함께 조화롭게 지내는 것을 반대할 사람이 어디 있을까요? 그러나 청소년들에겐 아직 남녀 분반이 필요합니다. 남녀 분반이 필요하다는 사실에는 더 중요한 이유가 있습니다.

©yonhap photo

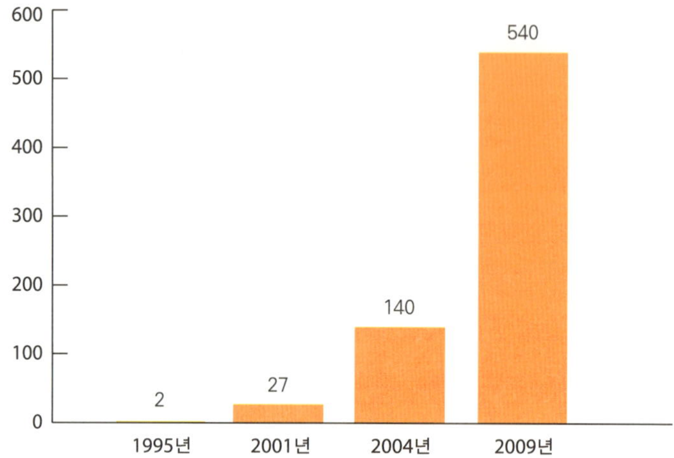

2002년 호주 정부는 6년간 중학생 27만 명을 조사한 결과, 남녀 분반 교실에서 공부한 학생들이 남녀 합반에서 공부한 학생들보다 성적이 15퍼센트에서 22퍼센트 정도로 더 높게 나타났다는 사실을 발표하며 다음과 같은 결론을 내렸습니다. "12살에서 16살 사이의 남자와 여자 사이에는 인지적, 사회적 성장 및 발달 속도에 큰 차이가 나기 때문에 함께 가르치는 데에는 한계가 있다."

그렇습니다. 남자와 여자는 다르게 태어났습니다. 남자와 여자의 뇌 구조가 다르다는 사실은 연구를 통해 기정사실화되었으며, 남자 아이와 여자 아이의 뇌가 서로 다른 순서로 발달한다는 사실도 많은 과학자들에 의해 속속 밝혀지고 있습니다. 여학생의 청력은 남학생보다 최고 10배는 민감한 데 반해 남학생의 망막에는 동작이나 방향 정보를 수집하는 세포가 여학생보다 2배는 많습니다. 남학생이 한 가지 일에 고도의 집중력을 발휘하는 한편 여학생은 한꺼번에 여러 가지 일을 처리하는 능력이 훨씬 더 뛰어나다는 것이지요.

서로의 장점과 단점이 다르기 때문에 서로 다른 방식으로 가르쳐야 하는 것은 당연한 일 아닐까요? 남녀 분반을 하게 되면 남학생과 여학생 각자의 특징에 따라 맞춤형 수업을 할 수 있기 때문에 남녀 합반보다 훨씬 더 효과적으로 배울 수 있습니다. 교육 내용을 한쪽 성에 맞게 조정하면 반드시 다른 성에게 불리한 점이 생기기 마련입니다. 스펀지처럼 모든 것을 빨아들이는 청소년기는 어떻게 능력을 계발하느냐에 따라 일생이 좌우될 수도 있지요. 남자와 여자를 똑같이 대우해야 한다는 원칙만 고집하다 정작 중요한 것을 잃게 되는 것은 아닐까요?

미국은 30년 넘게 모든 공립 초·중·고교에서 남녀 분반을 금지해 왔습니다. 그 근거는 1972년 제정된 성차별 금지법이었지요. 그러나 2001년 남녀 분반은 물론 공립 남학교와 공립 여학교를 합법화하는 법안을 통과시켜 남녀 학생을 따로 가르치는 공립 학교의 숫자가 급속하게 늘어났습니다. 남녀를 따로 가르치면 학습 효과가 높을 뿐 아니라 청소년들의 임신 위험을 감소시키고 일탈 행동을 줄여 주기 때문이었습니다. 뿐만 아니라 성에 대한 고정 관념을 없애 주고 긍정적인 자아 존중감을 가져오며 여학생들에게 리더십을 발휘할 기회를 준다는 이유도 한몫했습니다. 남녀를 함께 가르치는 것보다 따로 가르치는 것이 교육적으로 효과가 높다는 사실을 인정한 것이지요. 그 결과 1995년에는 두 개에 불과했던 남녀 분반 학교가 2009년에는 540여 개로 늘어났습니다.

여중생의 문화, 남중생의 문화 만들어 가기

요즘 들어 남녀 합반이 양성평등 교육에 큰 도움이 되지 못하고 학생들을 더 보수적으로 만든다는 연구 결과가 발표되기도 합니다. 우리나라가 남녀 공학, 남녀 합반을 실시한 이유는 남녀평등 의식도 고취하고 사회성도 발달시키기 위해서였습니다. 그런데 왜 정반대의 결과가 나타났을까요?

그것은 우리 사회에 남녀평등이 제대로 뿌리내리지 못했기 때문입니다. 우리나라는 아직도 남성들이 밖에 나가 일하고 여성들은 가정에서 집안일을 하고 아이를 돌보는 것이 더 어울린다고 생각하며, 여전히 여성들보다 남성들이 리더에 더 적합하다고 믿는 사회입니다. 대통령이나 비행기 조종사 등 전통적으로 남자가 하는 일을 여자가 하면 특이하다고 주목하지만, 요리나 패션처럼 여성이 더 잘한다고 여겨지는 분야에서 유명한 요리사나 최고의 패션 디자이너 대부분이 남성인 것은 전혀 어색하게 느끼지 않습니다. 남녀가 함께 있는 공간에서 남성들이 여성들보다 적극적으로 나서고 여성들은 수동적으로 따르거나 돕는 역할을 맡는 일도 많지요. 만약 성 역할이 바뀌면 "남자답지 못하다."거나 "여자애가 왜 저러지?"라고 말합니다. 남녀 역할에 대한 고정 관념이 매우 뿌리가 깊음을 알 수 있습니다.

집에서는 엄마의 역할과 아빠의 역할이 다르다는 것을 보고 자랐고, 학교에서는 남자 선생님과 여자 선생님들의 역할이 은연중에 구분되어 있다는 것을 경험하는 우리 청소년들이 진정한 남녀평등을 경험하려면 어떻게 해야 할까요? 남녀 합반에서 오케스트라를 구성한다고 생각해 봅시다. 힘 있게 숨을 내뿜어야 하는 트럼펫은 언제나 남학생이, 세밀하게 호흡을 조절해야 하는 플루트는 언제나 여학생이 연주하게 될 것입니다. 그러나 남녀 분반이라면 다릅니다. 여학생 누군가는 트럼펫을 연주해야 하고 남학생 누군가는 플루트를 연주해야 합니다. 남학생들이 맡았던 역할을 여학생도 맡게 됨으로써 더 적극적이고 능동적으로 행동

©김원호

할 수 있고, 여학생들이 맡았던 역할을 남학생들도 맡음으로써 숨겨진 재능을 더 자유롭게 끄집어낼 수 있습니다. 성장기에 서로의 역할과 재능을 이해한 뒤 성인이 되어 오케스트라에서 만난다면 정말 멋진 하모니를 이룰 수 있지 않을까요?

2011년 미국 캔자스 주의 위치토에 있는 한 학교에서는 11살에서 14살 사이의 중학생들에게 남녀가 따로 점심을 먹도록 했다고 합니다. 그 결과 학생들끼리 서로 괴롭히고 치고받는 횟수가 눈에 띄게 줄었다고 하지요. 여학생은 남학생들을 신경 쓰지 않고 밥을 먹을 수 있어 밥을 남기지 않았고, 남학생들 역시 여학생들에게 잘 보이려고 으스대지 않게 되어 더 조용하게 식사시간을 보낸 것입니다.

남학생은 여학생의 눈치를 보느라 또 여학생은 남학생의 눈치를 보느라 하고 싶어도 뒤로 빼는 것이 미덕처럼 여겨지는 교실 풍경을 떠올려 보세요. 남녀 분반을 해서 여학생끼리, 또 남학생끼리 한 반이 되면 그 참여도는 완전히 달라질 것입니다. 몸 구석구석에서 어린이였을 때와는 다른 신체 변화들이 꿈틀꿈틀 일어나고 있는데 서로의 눈치를 보느라 땀 냄새가 나느니 체육복을 갈아입느니 어색하고 불편한 교실 풍경을 떠올려 보세요. 남녀 분반을 해서 여학생끼리, 또 남학생끼리 한 반이 되면 이런 변화들을 아무 거리낌 없이 이야기하고 공감할 수 있을 것입니다.

중학생들이 겪는 몸과 마음의 변화는 우리의 의지와는 상관없이 생물학적으로 남성과 여성으로 태어났기 때문에 드러나는 특징들입니다. 하지만 그 특징에 대해서 우리가 어떻게 생각하고 받아들일지, 또 다른 사람과 그 변화에 대해 어떻게 이야기를 나눌지는 우리가 정할 수 있습니다. 그것이 바로 나와 함께 세상을 살아가는 사람들과 만들어 가는 문화입니다. 그런데 남녀 합반에서는 남자와 여자의 조화에 더 초점을 맞추기 때문에 남성다움과 여성다움을 적극적으로 탐구하는 과정이 생략되기 쉽습니다. 남녀 사이에 불필요하게 때로는 부당하게 서로를 배려하도록 강요당하기도 하지요.

남녀 분반을 하게 되면 우리는 사회가 정해 준 성 역할에 갇히지 않고 나름대로 여중생들만의, 또 남중생들만의 문화를 만들어 갈 수 있습니다. 남학생과 여학생이 함께 한 반에 섞여 있는 모습만으로 마치 양성평등이 다 이루어진다고 생각한다면 그것은 큰 잘못입니다. 다양성을 자유롭게 인정하면서 진정한 평등을 추구하려면 무조건 '함께 더불어'가 아니라 제대로 '따로 올곧게' 교육해야 합니다. 남자와 여자가 차이가 있음을 인정하고 남녀 학생 모두가 자신의 능력을 최대한 발휘하도록 지원하는 일의 시작은 바로 남녀 분반입니다.

아니야!
남녀 합반이 더 자연스러워

세상의 반은 여자, 반은 남자!

여러분의 부모님, 혹은 조부모님 시절에는 남녀 합반은커녕 남녀 공학
도 흔하지 않았습니다. 중학생이 되면 교복을 입고 남중, 여중에 입학
하는 것이 일반적이었지요. 그러다가 1990년대 교육부에서 인성 교육
의 일환으로 남녀 공학을 권장하면서부터 전통을 지키는 일부 사립 학
교를 제외하고는 대부분의 공립 중학교는 남녀 합반으로 자리 잡았습니
다. 하지만 최근 몇몇 전문가들이 옛날처럼 성별을 나누어 공부할 때 학
습 효과가 더 크고, 남녀 차이에 대한 고정 관념도 극복할 수 있다는 연
구 결과를 발표했습니다. 대학 입시를 코앞에 둔 고등학교들은 대부분
남녀 분반으로 다시 되돌아가는 현상까지 빚어지고 있지요.

학업 성적을 가장 중요하게 생각하는 사람들은 중학교에서도 남녀
분반을 해야 한다고 주장합니다. 그러나 21세기 현대 문명의 최첨단을
누리고 있는 한국 사회에서 "남녀칠세부동석"을 외치는 전근대적 유교

사회의 전통처럼 중학생들을 분반시킨다는 것은 말도 안 됩니다. ■ 지금은 남성과 여성이 동등하게 교육받고 함께 어울려 하나의 가정과 사회를 만들어 가는 시대입니다. 그러므로 중학교에서부터 하나의 사회를 이루는 학급에서 서로 다른 특성을 가진 사람들이 함께 생활하며 서로의 다른 점들을 이해하고 배우는 것이 당연합니다. 남녀 분반을 해서 여학생은 여학생끼리, 남학생은 남학생끼리 나누어 놓는 것은 남자와 여자가 함께 공동체를 만들어 갈 수 있도록 훈련하는 기회를 빼앗을 뿐입니다.

만약 남녀 분반이 더 좋다면, 그 시기가 왜 꼭 중학교여야 할까요? 아예 남녀 2차 성징이 나타나는 초등학교 고학년 때부터 분반을 하는 게 맞지 않을까요? 그때부터 이미 남자는 더 남자답게, 여자는 더 여자답게 몸과 마음이 성장하기 시작했지만 서로 아무런 문제없이 잘 지냈습니다. 그런데 갑자기 중학생이 되었다고 그동안 익숙했던 남녀 합반에서 어색한 남녀 분반으로 바꾸는 것은 이해하기 어려운 일입니다.

한 집에 할머니, 할아버지, 엄마, 아빠, 누나(언니), 오빠(형), 남동생, 여동생, 또는 고모, 이모, 삼촌 등 성별이 다양한 사람들이 같이 모여 살면 그렇지 않은 경우보다 함께 살아가는 방법을 훨씬 더 잘 이해할 수 있게 됩니다. 서로 다른 차이가 있기 때문에 문제도 발생하고 가끔은 부딪히기도 하지만 오히려 그렇기 때문에 문제를 해결하려고 노력하면서 하나의 공동체를 만들어 가는 과정을 배우게 됩니다. 그런 훈련을 어릴

● ● ● ● ● ● **남녀칠세부동석**
조선시대에는 '남녀칠세부동석'이라 하여 일곱 살이 되면 남녀가 자리를 함께하지 못하게 했다. 조선의 사대부들이 유교적 여성관을 확립하기 위해 '내외법'이란 이름으로 강요한 것이다. 남존여비로 대표되는 유교의 남녀관은 유교에 음양이론이 접목되면서 남자를 하늘로, 여자를 땅으로 보는 것에서 비롯되었다.

레제, 〈아담과 이브〉, 1934

때부터 한 사람들이 나중에 사회에 나가서 대인 관계도 잘 꾸려 나가고 화합도 적극적으로 잘하는 것은 당연한 일 아닐까요?

　그러므로 다양성 속에 조화를 이루는 과정을 배워야 하는 학생들을 성별에 따라 나뉘어 지내게 하는 것은 교육적으로도 잘못된 일이고, 분반으로 그런 기회를 처음부터 박탈하는 것은 크게 보면 학생들의 자유를 억압하는 일이 될 수도 있을 것입니다. 물론 남녀 합반을 했을 때 일어나는 문제도 있겠지만, 그 문제를 해결하기 위해 반드시 남녀 분반을 해야 한다는 생각은 옳지 않습니다. 남녀 사이에 문제가 있을 때 무조건 헤어지거나 갈라선다고 그 모든 문제가 해결될까요? '지지고 볶는' 과정을 겪어 내면서 문제를 함께 해결하는 방법을 찾아내는 것이 더 현명할 수 있듯이, 남녀 합반을 유지하면서도 얼마든지 문제들을 해결할 수 있습니다. 그런데 남녀 분반으로 공동체를 억지로 해체한다면, 문제는 더 커질지도 모릅니다.

이성 친구 탓은 이제 그만

남녀 합반을 반대하는 가장 큰 이유는 이성에 대한 지나친 관심으로 성적이 떨어진다고 믿기 때문입니다. 사춘기 때는 이성에 대해 관심을 가질 수밖에 없는 민감한 시기라서 하루 종일 남녀가 함께 있으면 무슨 큰일이 나거나 공부에 전혀 집중을 못할 거라고 생각하지요. 그러나 과연 남녀 합반을 해서 이성에 대한 감정이 마구 일어나는 걸까요? 이런 주장은 조금만 생각해 보아도 허점을 찾아낼 수 있습니다.

첫째, 이성에 대한 감정이 마구 일어나서 선생님 말씀도 귀에 잘 들어오지 않고 이성 친구만을 바라보느라 공부에 방해가 될 정도인 친구들이 몇 명인지, 또 그런 친구들이 항상 그런 건지, 혹시 자기 감정을 통제할 수 없을 만큼 성숙하지 못해서 그런 건 아닌지도 따져 봐야 합니다. 이성 친구 때문에 공부를 못하겠다는 친구들이 아주 소수라면 그런 이유로 전체를 분반시키는 것은 말도 안 됩니다. 그야말로 빈대 잡으려고 초가삼간 다 태우는 꼴이 되지요. 게다가 감정 조절을 못해 공부에 방해가 된다면 자기감정을 통제하는 법을 가르쳐야지 분반을 한다고 문제가 해결되는 것은 아닙니다.

둘째, 이성 친구 때문에 학업에 방해받는 일이 합반일 때만 생기고 분반을 하면 사라지는지 확인해야 합니다. 오히려 분반을 해서 이성 친구가 눈앞에 없으니 보고 싶고 불안해서 더 공부에 집중을 못할 수도 있으니까요. 이성에 대한 호기심은 합반일 때보다 오히려 서로 못 만나게 떼어 놓은 분반에서 더 커질 수 있습니다. 때로는 그 호기심이 잘못된

112

방향으로 과장되고 부풀려질 수 있기 때문에 남자는 여자에 대해, 또 여자는 남자에 대해 엉뚱한 환상과 편견을 가질 수도 있지요. 합반을 해서 같이 생활하면 서로에 대한 잘못된 선입견들은 고칠 수 있지만 분반을 하면 그런 기회가 적거나 아예 없어지니까 문제가 더 커질 수 있는 것입니다. 이런 문제들을 고려하지 않고 무조건 "이성끼리 같이 있으면 공부 못한다."라는 고정 관념 때문에 분반하는 것은 옳지 못합니다.

그런데 앞의 두 허점보다 더 큰 세 번째 허점은 이성에 대한 관심과 학업 성적이 서로 관계가 없는 일일지도 모른다는 사실입니다. 이성 친구 때문에 수업에 방해를 받는 친구도 있겠지만 반대로 같은 반에 좋아하는 이성 친구가 있어 더 열심히 공부하는 친구도 있기 때문입니다. 반에서 잘 어울리는 커플이 있으면 선생님과 친구들이 공개적으로 응원하면서 즐거운 수업 분위기를 만드는 경우도 얼마든지 있으니까요.

남녀 합반을 하면 이성 친구에 눈이 팔려 공부에 집중 못하고 성적이 떨어질 것이라는 선입견과 달리, 오히려 학습 효과에 긍정적인 측면을 보여 주는 사례는 얼마든지 있습니다. 남학생과 여학생이 반반 섞여 있기 때문에 수업 분위기가 분반일 때보다 훨씬 더 좋아지기 때문입니다. 이 현상은 여러 학교에서 나타나며, 최근 서울 금천구의 한 중학교에서 그 사례를 다음과 같이 보고하였습니다. 이 중학교는 지난 7년간 남녀 분반을 해 왔는데, 남녀 합반으로 전환하자마자 산만하고 어수선한 반 분위기가 조용해졌고 학급의 전체 성적도 상승하였다고 합니다. 그동안 남자들끼리 있는 남자반은 물론, 여자반도 자기들끼리 심한 욕을 하고 거칠게 장난을 치는 등, 무서운 담임 선생님들도 학급 분위기 잡기가 어려울 만큼 힘들었지만 남녀 합반으로 바꾸고 나니 남녀 학생들이 서로를 의식하는지 그렇게 심한 장난도 하지 않고 차분하게 수업 분위기를 만들어 가고 있다는 것입니다. 어른들이 우려했던 것과는 정반대로 이성 친구가 학습에 도움이 되는 결과가 나온 것입니다.

따라서 우리가 이성 친구에게 호기심과 관심을 가지는 것과 주어진 수업을 잘 따라가거나 못 따라가는 것을 서로 연결 지어 생각할 필요는 없습니다. 공부에 집중을 못하는 이유는 사람마다 다릅니다. 수업 집중도는 그날의 기분과 컨디션에 따라 하루에도 여러 번 변하지요. 또 그 과목 선생님께서 어떻게 수업을 이끌어 주시느냐에 따라 달라지기도 합니다. 그런데 공부에 집중하지 못하는 모든 원인을 남녀 합반으로 몰아가는 것은 잘못된 행동입니다.

물론 몇몇 연구 결과들은 남녀가 함께 공부할 때보다 따로 공부할 때 효과가 좋다는 사실을 객관적으로 보여 주기도 합니다. 2011년 우리나라의 한 연구 보고서에 따르면, 남학생이 남자 고등학교에 다닐 경우, 남녀 공학에서보다 대학수학능력시험 성적이 1퍼센트 가량 향상된다는 연구 결과를 내놓았습니다. 1점 차이로도 합격과 불합격이 갈리는 대학 입시에서 1퍼센트는 무시할 수 없는 수치겠지요. 하지만 남녀가 함께 공부할 때 얻을 수 있는 장점과 비교하면 1퍼센트는 너무나도 작은 수치입니다. 다른 연구 결과를 살펴보아도 남녀를 분리하는 일이 성적 향상에 주는 효과는 대부분 5퍼센트 미만입니다. 이처럼 미미한 효과 때문에 합반을 포기하기에는 남녀 합반이 주는 장점이 너무나 큽니다.

함께 더불어 살아가는 자연스런 공동체

남녀 합반은 인간의 기본적인 조화를 경험하는 이상적인 공동체입니다. 남학생과 여학생이 함께 생활하고 공부하면 서로 다른 다양한 생각들을 조율하는 방법을 배울 수 있어서 좋습니다. 남자와 여자가 가지는 독특한 특성 때문에 남녀 합반을 하면 서로 조심하면서 훨씬 차분한 수업 분

©DIAC Images

위기를 이끌 수 있지요. 더불어 성별에 따른 견해 차이를 자연스럽게 알게 됩니다.

토론 수업이라도 하게 되면 주제에 따라 남학생과 여학생이 서로 다른 입장을 갖고 있다는 것을 발견하게 되겠지요. 그리고 입장이 다르다고 싸우는 게 아니라 미처 생각하지 못했던 점들을 이해하게 되고 그 차이를 어떻게 극복할 수 있을까 고민하게 될 것입니다. 남녀가 하나의 모둠에서 머리를 맞대고 함께 고민하고 함께 해결책을 찾아 나가면서요. 물론 그렇게 되기까지 우여곡절도 많이 겪고 실수도 하겠지만요. 하지만 이런 과정 모두가 남자와 여자가 조화롭고 평등하게 살아갈 수 있는 세상을 만드는 밑거름이 됩니다.

남학생과 여학생이 함께 생활하다 보면 남자나 여자라서 생각이 다른 게 아니라, 남녀 상관없이 각자 개인이 가지고 있는 가치관에 따라, 또 서로 다르게 받은 주변의 영향에 따라 의견이 나뉘게 된다는 것을 선명하게 깨닫게 됩니다. 우리가 안고 있는 많은 문제들 중에는 여자와 남자의 성별 차이가 원인이 되는 것도 있지만 성별의 차이와는 아무런 상관없는 문제도 있다는 것을 알게 되지요. 때문에 남자와 여자로 나뉘어 불필요하게 경쟁할 필요가 없다는 걸 자연스럽게 배우게 됩니다. 그런데 남녀 분반이라면 어떨까요? 성별에 따른 견해 차이를 아예 경험조차 해 볼 수 없기 때문에 남자는 여자를, 여자는 남자를 제대로 이해하는 법을 배울 기회조차 박탈당하는 것입니다.

하지만 남녀 합반을 하게 되면 학급 행사나 학교 행사, 현장 학습이나 수련회 등에서 남학생들과 여학생들이 서로의 관심과 장점에 따라 다채롭고 상상력 넘치는 프로그램을 만들어 낼 수 있습니다. 분반이라면 경험하지 못할 서로의 문화를 체험해 볼 수 있지요. 꼭 그런 행사 때뿐 아니라 쉬는 시간, 점심시간 등 매일매일의 일상에서 서로의 장점과 특징들을 경험할 수 있습니다. 여학생들의 놀이를 남학생들도 함께 하고 남학생들의 운동 시합에 여학생들이 참여하기도 하면서 여학생은 남학생을, 남학생은 여학생을 훨씬 더 잘 이해하고 존중하게 되지요.

남녀 합반이야말로 인간이 살아가는 자연스러운 모습입니다. 남녀 합반은 아직 남녀평등이 완전히 뿌리내리지 못한 우리 사회에서 어릴 때부터 서로의 다른 점을 이해하고 받아들이면서 그 차이를 배려할 수 있게 만들어 주지요. 남녀 합반은 여자와 남자를 편 가르지 않고 함께 더불어 잘 살아가는 과정과 방법을 익힐 수 있는 가장 좋은 선택인 것입니다.

입장 정하기

● 다음 쟁점에 대하여 자신의 입장을 정하고 근거를 제시해 봅시다.

> **쟁점 ❶** | 남녀 합반은 남학생과 여학생의 서로 다른 특징을 이해하고 포용할 수 있는 기회를 준다.

입장 : --

근거 : --

> **쟁점 ❷** | 남녀 합반은 우리 문화에 이미 정해져 있는 남자와 여자의 역할을 더 고정시킨다.

입장 : --

근거 : --

> **쟁점 ❸** | 공부는 개인이 하기 나름이지, 합반에서 공부하느냐 분반에서 공부하느냐의 문제가 아니다.

입장 : --

근거 : --

● 공부도 잘하고 이성교제도 잘할 수 있는 방법은 없을까요? 이성에 눈이 뜨이는 중학교 생활, 나는 그 '두 마리의 토끼'를 다 잡을 수 있을까요? 연애와 공부에 대해 갖고 있는 고민을 떠올려 보고, '이성 교제와 학업성적은 관계가 있을까?'에 대한 자신의 입장을 정리해 봅시다.

나누기, 가르기, 외면하기

'차이'와 '차별'은 다릅니다. 서로 다른 점을 인정하고 서로의 특징에 맞게 다르게 대접하는 것과, 다르다는 이유만으로 무시하고 외면하는 것은 엄연히 다르지요. 때문에 '분리'를 할 때는 늘 주의해야 합니다. 자칫 잘못하면 함께 잘 살기 위한 분리가 아닌 편 가르기가 될 수 있으니까요.

분리에 관한 법

미국에서는 1865년 노예제도가 폐지되었지만 흑인에 대한 차별은 끈질기게 남아 있었습니다. 좋은 학교나 좋은 회사에 들어가기가 어렵다거나 똑같은 일을 하고도 임금을 적게 받는 정도의 차별은 차별도 아니었습니다.

흑인들을 가장 비참하게 만들고 모욕감을 준 차별의 방법은 바로 '분리'였습니다. 학교, 병원, 극장, 음식점 등 공공장소에서 흑인과 백인이 함께 있지 못하도록 법으로 금지했습니다. 흑인과 백인이 들어가고 나가는 출입구도 각각 따로 있었습니다. 이러한 분리를 규정하고 있는 법의 이름은 '짐크로 법'으로, 이 법의 다른 이름은 '분리에 관한 법'이었습니다. 짐크로 법은 심지어 버스에도 흑인과 백인이 앉을 자리를 따로 지정해 놓았습니다. 흑인은 버스 문이 열리면 앞문으로 들어와 요금을 내고, 다시 내려 뒷문으로 승차해 버스 뒤쪽 흑인 지정석에 앉아야만 했지요.

분리는 차별이 아니라고?

일제 강점기 일본에서 공중목욕탕과 음식점에 '조선인과 개는 출입 금지'라고 써 붙였듯, 미국에서도 '흑인과 개는 출입 금지'라는 팻말이 붙어있는 곳이 많았지요. 이 법은 1964년까지도 남아 있었습니다. 미국 연방 대법원은 "분리하더라도 똑같이 대우하면 아무런 문제가 없다."고 말했지요. 미국 17개 주에는 백인과 흑인의 결혼을 금지한 법이 1967년까지 남아 있었습니다.

남아프리카공화국에서는 '아파르트헤이트'라는 이름으로 인종별로 거주지를 분리했습니다. 그리고 "차별이 아니라 분리에 의한 발전을 추구한다."라고 말했지요. 히틀러와 나치는 유대인과 동성애자와 사회주의자들을 따로 분리한 다음 각각 노란 별, 분홍 별, 붉은 별을 가슴에 붙였습니다. 분리는 분리되는 사람을 가장 비참하게 만드는 집단 따돌림입니다.

샐러드 볼의 가치

'유리천장'이라는 말을 들어 보았나요? 기업에서 여성의 승진을 막는 보이지 않는 장벽을 의미하는 말이지요. 그런데 이 '유리천장'이 '유리벽' 때문에 생긴다는 사실이 밝혀졌습니다. 유리벽이란 여성들에게 기업에서 별로 중요하지 않은 일자리만 주어지는 현상을 가리키는 말이지요. 보이지 않는 투명한 벽 안에 갇혀 아무리 열심히 일해도 회사의 핵심 인물로 승진할 수 없었던 것입니다.

여성뿐 아니라 가난한 사람, 장애를 가진 사람, 피부색이 다른 사람, 동성애자 등 사회적 약자나 소수자들은 사회에서 보이지 않게 분리됩니다. 만약 길거리에서 이들을 쉽게 만날 수 없다면, 그 사회는 보이지 않는 벽으로 분리된 나쁜 사회입니다. 분리는 곧 차별과 배제입니다. 샐러드 볼 사회라는 말을 들어 보았나요? 서로 다른 모양과 맛을 가진 여러 가지 채소와 과일을 똑같은 드레싱으로 공평하고 동등하게 섞은 샐러드는 맛있고 몸에도 좋습니다. 분리 대신 서로 섞여서 서로의 다름을 인정하고 서로 다른 삶의 방식을 배울 수 있을 때 우리는 건강하고 멋진 세상을 살 수 있을 것입니다.

학생은 생활 지도를 받아야만 할까?

●●●● 옷차림과 머리 모양을 단정히 하기, 휴지 버리지 않기, 시간을 지키기, 예의 바른 태도로 질서 있게 행동하기, 욕설과 폭력을 사용하지 않기……. 생활 지도는 학생들이 바람직한 학교생활을 할 수 있게 만드는 신호등이자 나침반입니다. 하지만 때론 학교가 너무 시시콜콜한 것까지 금지하다 보니 마치 침대보다 크면 침대에 맞춰 머리와 다리를 잘라 버리고, 침대보다 작으면 팔다리를 억지로 늘려 침대 크기에 맞추었던 프로크루스테스의 침대처럼 느껴지기도 하지요. 학생은 생활 지도를 받아야만 할까요?

그래,

학생은 학생다울 의무가 있어

아니야,

학생다움은 우리가 만들어 가는 거야

그리스의 철학자 플라톤은 "체벌은 나쁜 습관과 행동을 바꾸기 위해 필요하다."고 말했죠. 그러나 로마의 철학자 퀸틸리아누스는 "체벌을 하면 반감을 갖게 될 뿐 점점 무감각해져 효과가 없다."고 말했습니다. 체벌은 오랜 옛날부터 문젯거리였던 것입니다. 여러분은 체벌, 벌점, 두발 규제 등 생활 지도에 대해 어떻게 생각하나요?

1 말을 듣지 않고 말썽을 부리는 강아지는 때려서라도 말을 듣게 해야 한다. 마찬가지로 수업을 방해하는 학생이나 다른 학생들을 괴롭히는 학생은 때려서라도 못하게 해야 한다.

check	그렇다	글쎄	아니다
	1	2	3

2 학생이라면 당연히 학교의 규칙과 선생님 말씀을 따라야 한다. 선생님 지시에 잘 따르는 학생이 모범생이자 좋은 학생이다.

check	그렇다	글쎄	아니다
	1	2	3

3 교장 선생님이 다른 선생님과 학생들의 의견을 무시해도 어쩔 수 없다. 교장 선생님은 학교 운영을 책임지는 사람이기 때문이다.

check	그렇다	글쎄	아니다
	1	2	3

4 청소년기는 본능적으로 어른을 따라 하는 시기라서 규정을 만들어 지도하지 않으면 탈선을 하게 되어 있다.

	그렇다	글쎄	아니다
check	1	2	3

5 머리 모양과 머리카락 길이는 공부에 아무런 지장을 주지 않는다.

	그렇다	글쎄	아니다
check	3	2	1

6 학교에서 시시콜콜 간섭하는 게 싫지만 벌점을 받기 싫어서 그냥 하라는 대로 한다.

	그렇다	글쎄	아니다
check	1	2	3

● 점수를 모두 더해 보세요. 나는 어떤 유형일까요?

6~9점 생활 지도 찬성론자이군요! 엄격한 학교생활은 효율적인 교육이죠. 하지만 인권이 너무 심하게 억압되는 것은 아닐까요?

10~14점 어느 쪽도 아니군요! 엄격한 학교를 원하지만 어느 정도 자유는 있어야 하는 건가요? 아니면 자유로운 학교를 원하지만 어느 정도 자유가 제한되어야 한다는 건가요?

15~18점 생활 지도 반대론자군요! 자유는 소중하지요. 하지만 다른 학생들이 피해를 입지는 않을까요?

그래!
학생은 학생다울 의무가 있어

학교생활의 나침판, 생활 지도

'생활 지도'라고 하면 무엇이 떠오르나요? '교복 착용'과 '두발 규제'가 가장 먼저 떠오를 거예요. 교복이 멋지기로 유명한 학교도 있긴 하지만 대부분의 학교 교복들은 그렇게 멋있거나 예쁘지는 않습니다. 그래서 많은 학생들이 학교에서 금지되었음에도 불구하고 보다 멋있게 보이고 싶은 마음에 교복을 몸에 맞게 고치거나 짧게 줄여 입지요. 두발 규제는 어떤가요? 화려한 염색과 파마는 바라지도 않습니다. 촌스러워 보이는 짧은 머리를 강제로 해야 하는 데다 조금이라도 길면 벌점을 받는 데서 오는 스트레스만이라도 없기를 바랄 뿐입니다. 교칙이라는 이유로 매일 아침마다 머리 길이나 색깔, 치마 길이 따위를 검사하다니. 생활 지도는 요즘 세상에 걸맞지 않는 뒤떨어지고 낡아빠진 일인 것만 같습니다.

　그런데 광주시의 일부 중학생들은 머리를 곱슬곱슬하게 파마하거나 갈색으로 연하게 염색을 하고 등교를 해도 교복만 제대로 입으면 아무런 규제도 받지 않는다고 합니다. 2012년 광주광역시의 중학교 64곳에서 학생인권조례를 바탕으로 새로운 학생생활규칙을 만들어 더 이상 머리 길이나 파마 여부를 검사하지 않기로 했기 때문입니다.

그렇다면 생활 지도는 정말 폐기해야 할 시대착오적인 애물단지가 된 것일까요? "그렇다."라고 대답하기 전에 만약 생활 지도가 없다면 어떻게 될지 잠깐만 생각해 볼까요?

생활 지도가 사라져 교복을 입지 않아도 되면 자기 마음대로 예쁜 옷을 입을 수 있으니 좋을 것 같습니다. 염색이나 파마도 자유롭게 할 수 있고 머리가 길다고 혼날 걱정을 하지 않게 되니 편한 마음으로 학교에 갈 수 있겠지요. 하지만 교복이 없으니 학교 갈 때마다 어떤 옷을 입어야 할까 고민하느라 또 다른 스트레스를 받게 되진 않을까요? 아침마다 다른 학생들보다 더 멋지게 보이기 위해 한 시간이고 두 시간이고 옷을 고르는 데 시간을 보낼지도 모릅니다. 옷을 고르고 화장을 하느라 지금보다 훨씬 더 일찍 일어나야 할 거고요. 두발과 복장이 자유로워지면 학업에 지장을 줘서 성적이 떨어질 거라던 부모님과 선생님의 협박이 사실이 되어 버릴지도 모릅니다. 옷을 사 주느라 부모님들의 부담도 늘어나고요. 또 비싼 옷, 유행하는 옷을 척척 살 수 있는 학생과 그렇지 못한 학생 사이에 갈등이 커지지 않을까요? 학생들 사이의 빈부 격차가 옷차림에서 고스란히 드러날 테니까요. 두발 자유도 마찬가지입니다. 머리 모양에 더 많은 신경을 써야 하고 염색을 하고 파마를 하느라 용돈이 부족해질 수도 있습니다. 무작정 긴 머리를 했다가 제대로 감고 관리하지 못해 머리에서 냄새가 나거나 이가 생겨 다른 학생들에게 옮길 수도 있지요.

생활 지도가 없다면 수업 시간에 큰 소리로 떠드는 학생들은 어떻게 할까요? 지금도 선생님이 여자 선생님이거나 착한 선생님일 때 몇몇 학

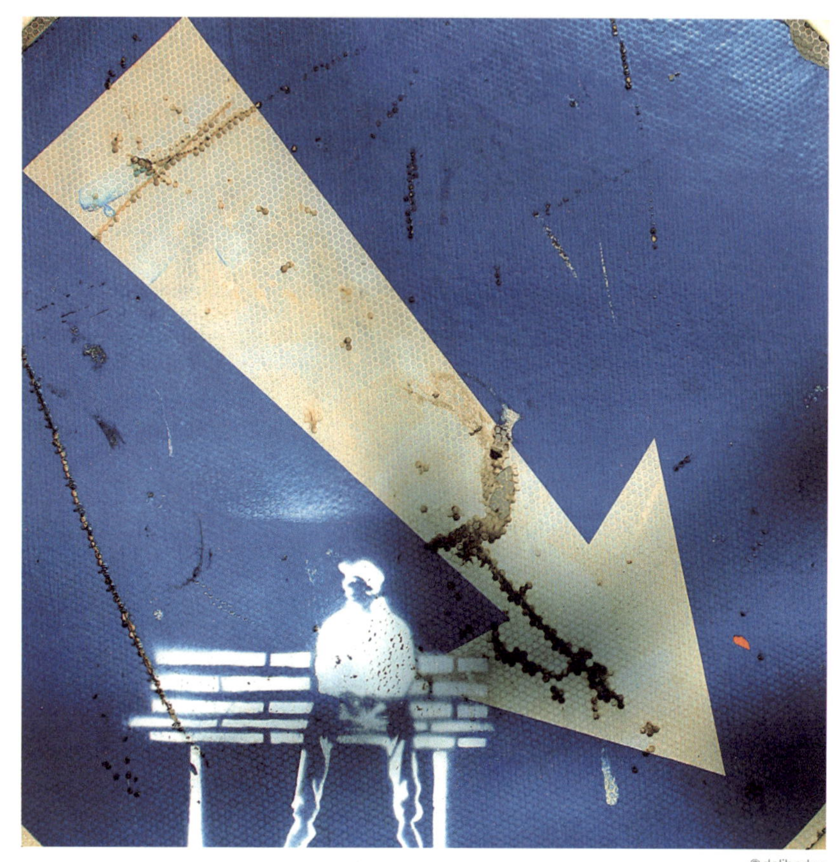

생들이 선생님을 무시하고 큰 소리로 떠들거나 선생님에게 대드는 경우를 자주 볼 수 있을 것입니다. 벌점이나 체벌과 같은 생활 지도가 없다면 이런 학생들이 더 많아질 텐데 어떻게 막을 수 있을까요?

우리는 생활 지도를 머리 모양이나 옷차림만의 문제라고 생각하지만 그렇지 않습니다. 교실에 음료수 캔과 빵 봉지를 마구 버리고 침을 뱉는 등 기본적인 예의범절이 없는 학생들을 혼내 주는 일에서부터 폭력을 행사하고 다른 학생들의 돈을 빼앗는 학생들을 벌주는 일들 모두

126

가 생활 지도입니다. 학생들에게 좋은 습관과 태도를 가르치고 학교생활에서 부딪히는 여러 문제들을 해결해 주는 일상생활 교육이지요.

두발의 자유를 허용한 학교들도 학생들에게 액세서리, 매니큐어, 문신, 피어싱 등을 금지하고 있습니다. 또 학생의 안전을 위해 소지품을 검사하고, 등교하면 휴대폰을 걷어 집에 갈 때 돌려준다고 합니다. 기합 등 간접 체벌도 허용하고요. 머리 모양에만 차이가 있을 뿐 생활 지도라는 이름으로 학생들에게 규칙을 지키게 하고, 규칙을 지키지 않으면 처벌하는 것은 똑같습니다. 두발과 복장에 전혀 규제가 없는 미국의 중학교에서도 학교 내 금지 물품이 정해져 있고 만약 가져올 경우 정학 처분을 받는 등 규제가 굉장히 까다롭습니다. 심지어 학교 입구에 금속 탐지기가 설치되어 학생들이 오갈 때마다 감시하는 학교도 있다고 합니다.

이처럼 생활 지도란 학교가 정한 규칙을 지키는 일입니다. 생활 지도가 없는 학교는 없습니다. 생활 지도는 학교생활에 꼭 필요한 나침반이자 신호등이기 때문입니다.

아직은 규율과 통제가 필요한 나이

사람들이 생활 지도를 부정적으로 생각하는 이유는 생활 지도가 사복 착용 금지, 두발 규제, 소지품 검사, 휴대폰 사용 금지 등 주로 '금지'나 '규제'로 이루어져 있기 때문입니다. 생활 지도는 하고 싶어하는 것을 못하게 막는 일로 여기는 것이지요. 그러나 '규제'와 '금지'는 학교라는 공동체에서 모두가 즐겁고 행복한 생활을 할 수 있도록 해 주는 최소한의 장치입니다.

물론 규제와 금지 없이 스스로 모든 것을 잘 해낼 수 있다면 생활 지도는 필요 없을 것입니다. 하지만 학생인 청소년들은 아직 미성숙한 존

©Mr.kim

재로 규율과 통제가 꼭 필요합니다. 청소년이 미성숙한 존재라는 사실은 이미 과학적으로 증명된 사실입니다. 뇌를 연구하는 과학자들은 십대 초반에는 뇌의 앞쪽 부분인 전두엽이 아직 발달하고 있는 중이라고 말합니다. 전두엽은 뇌에서 도덕성과 인간성을 담당하는 부분입니다. 또 어떤 상황이 위험한지 아닌지를 판단하며 우리가 계획을 세워 침착하게 일할 수 있게 하지요. 연쇄 살인범 등 극단적인 폭력성을 가진 사이코패스들의 뇌를 스캔해 보면 전두엽에 장애가 있거나 성장기에 전두엽이 제대로 발달하지 못했다는 연구 결과도 많습니다. 때문에 아직 전두엽이 덜 발달한 청소년들이 반항과 일탈, 폭력에 자기도 모르게 마음이 끌리는 건 당연하지요.

또 청소년기가 되면 뇌에서 신경 세포에 정보를 전달하는 물질인 도파민의 분비가 줄어든다고 합니다. 우리는 힘들고 어려운 일을 해내면

128

뿌듯한 쾌감을 느낍니다. 그런데 도파민의 분비가 줄면 이런 쾌감을 느끼기 어려워 자꾸만 더 자극적인 일을 찾아 나서게 되지요. 뇌의 이런 변화는 청소년기에 계속 새로운 것을 배우고 다양한 경험을 하도록 우리를 부추깁니다. 그러나 잘못하면 술이나 담배, 야한 동영상 등 잘못된 쾌감과 자극에 빠져들게 만들지요. 때문에 청소년들이 건강하게 성장할 수 있도록 술과 담배를 금지하고 폭력물이나 음란물을 보지 못하도록 법으로 정하는 것입니다. 생활 지도 역시 마찬가지입니다. 학교에서 학생들에게 생활 지도를 하는 것은 아직 어린 학생들이 세상을 잘 살 수 있는 방법을 모르기 때문입니다.

규율과 통제가 필요한 또 다른 이유도 있습니다. 바로 심하게 거칠고 폭력적인 학생들을 지도하기 위해서입니다. 다른 학생을 때리거나 선생님에게 욕설을 퍼붓고 폭력을 휘두르는 학생들을 어떻게 가르쳐야 할까요? 현재의 중학교는 의무 교육이기 때문에 정학이나 퇴학이 없습니다. 전학도 학부모가 동의하지 않으면 강제로 시킬 수 없지요. 물론 학교에서 지속적으로 문제를 일으키는 학생들을 학교가 감싸 안아야 하는 것은 당연합니다. 하지만 체벌이 없다면 이런 학생들은 통제할 방법이 없습니다. 이를 지켜보는 다른 학생들도 학교에서 아무렇게나 행동해도 된다는 것을 배우게 되고, 학교 분위기는 점점 더 무겁고 어두워질 것입니다. 소수의 학생들이 문제를 일으킬 때 다수의 학생들을 보호하기 위해서도 체벌과 같이 엄격한 생활 지도는 꼭 필요합니다.

소설 『우리들의 일그러진 영웅』에서 키가 크고 힘도 센 엄석대는 같은 반 아이들에게 겁을 주며 자기 마음대로 부려먹습니다. 다른 학생들은 무서운 엄석대의 눈치를 보며 그가 하라는 대로 해야만 했습니다. 그렇지 않으면 무서운 보복이 있기 때문입니다. 이렇게 힘세고 무서운 엄석대를 막을 수 있는 유일한 사람은 바로 선생님이었지만 선생님은 엄석대의 나쁜 짓을 전혀 모르고 있으며, 오히려 좋은 학생이라고 생각했습니다. 새로운 학년으로 올라가고 나서야 새 담임 선생님이 엄석대를 혼내고 야단치지요. ▪

생활 지도는 학생들이 엄석대처럼 나쁜 학생이 되지 않도록 예방할 수 있습니다. 엄석대도 처음부터 다른 학생들을 괴롭히는 나쁜 학생은 아니었을 것입니다. 자기가 하고 싶은 대로 해도 아무도 간섭하지 않는 상황이 더욱 나쁜 학생으로 만들었을 것입니다. 학교는 학생들이 자기가 하고 싶어하는 것을 자기 마음대로 할 수 없다는 것을 알게 해야 합니다. 자기 마음대로 다른 학생들을 괴롭힐 수 없고, 다른 학생들에게 피해를 입힐 수 없다는 것을 알게 해야 합니다.

생활 지도는 함께 살아가는 법을 가르쳐 준다

머리 모양과 옷차림을 규제하고 휴대폰 사용을 금지하는 생활 지도를 받으면 학교가 시시콜콜한 것까지 우리들을 간섭하고 억압한다고 느낄 수도 있습니다. 하지만 작은 규칙을 따르는 일은 도덕적이고 올바른 품성을 가진 학생이 되는 일의 시작입니다.

어렸을 때 부모님께서 사탕이나 아이스크림을 많이 먹지 못하도록 금지했던 일을 떠올려 봅시다. 사탕이 아무리 달콤해도 많이 먹으면 가기 싫은 치과에 자주 가야 합니다. 사탕을 먹지 못하게 하는 것은 무조

●●●●●●우리들의 일그러진 영웅
『우리들의 일그러진 영웅』(1987)은 이문열의 중편 소설이다. 주인공 한병태는 전학간 학교에서 주먹으로 아이들을 휘어잡고 시험지 조작으로 선생님의 신임을 얻은 반장 엄석대의 권력을 부당하다 여겨 저항하지만 결국 엄석대에게 굴복하고 만다. 그러나 해가 바뀌고 새로운 담임선생님이 엄석대의 횡포를 알아채고 시험지 조작을 밝혀내자 엄석대는 몰락하고, 자퇴하여 사라져 버린다.

건 금지하기 위해서가 아니라 보호해 주기 위해서입니다. "좋은 약은 입에 쓰다."라는 말이 있습니다. 생활 지도도 마찬가지입니다. 생활 지도는 무조건 학생들을 억압하고 금지하기 위해 있는 것이 아닙니다. 그것이 학생들을 보호하는 좋은 교육 방법이기 때문에 지켜야 하는 것입니다.

세상은 혼자 사는 것이 아니라 다른 사람과 함께 살아가는 곳입니다. 그래서 자신이 하고 싶은 것만을 할 수는 없습니다. 다른 사람은 생각하지 않고 자기가 하고 싶은 대로만 하려고 하는 이기적인 행동은 반드시 갈등과 싸움을 부르게 됩니다. 이런 행동을 하는 학생들은 자기 마음대로 해서 기분이 좋겠지만, 다른 대부분의 학생들은 자기 멋대로 행동하는 학생들 때문에 큰 피해를 입게 됩니다.

학생들의 복장과 두발을 규제하면서 "학생은 학생다울 의무가 있다."라고 말하면 "우리에게는 개성을 추구할 권리가 있어요."라는 볼멘소리가 돌아옵니다. 소지품 검사를 하고 체벌을 하면서 "학생은 다른 학생들을 위해 규칙을 따를 의무가 있다."라고 말하면 "우리에게는 사생활을 보호받을 권리가 있어요."라는 대답이 돌아옵니다. 우리는 간섭받지 않고 자유롭게 행동하는 것이 권리라고 생각하며 의무는 어쩔 수 없이 해야 하는 것으로만 생각합니다. 그러나 자신이 원하는 것을 할 수 있는 권리는 원하는 대로 무제한적으로 쓸 수 있는 것이 아닙니다. 다른 사람에게 피해를 입히지 않도록 조심하는 의무도 또한 필요합니다. 그리고 이러한 의무를 소홀히 하고 다른 사람에게 피해를 입힌다면 벌을 받아야 합니다.

다른 사람들과 함께 잘 살아가려면 중요한 것은 다른 사람을 배려하는 마음입니다. 자기가 하고 싶은 대로 하지 않고, 다른 사람을 위해 참을 줄 아는 것이 중요합니다. 학교도 마찬가지죠. 학생들에게 지나친 자유가 주어진다면 다른 사람의 권리를 침해하게 될 것입니다. 우리가 학

규율은 조화와 질서의 다른 이름이다.

교에서 지켜야 할 규칙들은 모두의 권리를 지키는 최소한의 안전장치입니다. 자신이 하고 싶어하는 행동이 다른 사람에게 피해가 되지 않는지를 잘 생각해 보고, 다른 사람을 위해 자신이 하고 싶은 것을 참는 배려의 마음이 필요합니다. 생활 지도는 이런 기본적인 마음가짐과 태도를 길러 줍니다.

'난 사람'과 '된 사람'이라는 말을 들어 보았나요? '난 사람'은 다른 사람보다 능력이 뛰어난 사람을 일컫는 것이고, '된 사람'은 인격이 훌륭한 사람을 일컫는 말입니다. 오늘날 21세기 교육에서 '난 사람'이 되는 것은 매우 중요합니다. 공부를 매우 잘해 시험 성적이 좋거나, 스포츠나 예술에서도 뛰어난 능력을 가진 사람은 유명해지고 사회에서 성공할 수 있습니다. 하지만 이런 사람도 다른 사람을 배려하지 않고 자기 마음대로 하다 큰 잘못을 해서 비판을 받는 경우를 자주 볼 수 있습니다. 유명한 연예인이 법으로 금지한 마약을 하거나 음주 운전을 해서 감옥에 가기도 하고, 유명한 정치인이나 연예인이 다른 사람들의 마음에 상처를 주는 막말을 해서 사죄를 하고 반성하는 모습도 볼 수 있습니다.

인격이 훌륭한 '된 사람'은 이러한 잘못을 하지 않을 것입니다. 다른 사람을 배려하는 마음이 있기 때문에 법에서 금지한 나쁜 행위를 하거나, 다른 사람의 마음에 상처를 주는 말을 하지 않으려 노력할 것이기 때문입니다. 이렇게 다른 사람을 배려하는 마음을 가진 '된 사람'이 되는 것이 '난 사람'이 되는 것보다 더 중요합니다. 그리고 이러한 배려의 마음은 "하지 말라는 것을 하지 않는 것"부터 시작해야 할 것입니다.

아니야!
학생다움은 우리가 만들어 가는 거야

생활 지도는 프로크루스테스의 침대일 뿐

치마를 짧게 줄여 입은 여학생을 보거나 알록달록 염색한 머리를 한 남학생이 지나갈 때, 어른들은 "요즘 학생들은 학생답지 않아."라며 못마땅해하십니다. 어른들이 생각하는 단정한 학생은 모두가 똑같은 '검정 교복'을 입었던 옛날 학생들이겠죠. 하지만 옛날 학생들이라고 다 그랬던 것은 아닙니다. 전국의 모든 학생들이 똑같이 입어야 했던 검정 교복은 일제 강점기 시대부터 시작했습니다. 그때는 대학생들도 마치 군복처럼 이런 검정 교복을 입어야 했습니다. 당시 남자 대학생들의 교복에는 배트맨처럼 망토도 달려 있었답니다. 해방 이후에 대학생들은 더 이상 교복을 입지 않았지만, 중학생과 고등학생들은 우리가 옛날 사진에서 볼 수 있는 촌스러운 검정 교복을 입어야 했고, 검정 모자를 꼭 써야 했습니다. 그것도 지금처럼 학교별로 다른 것이 아니라 전국의 모든 학생들이 한 명도 빠짐없이 다 똑같은 스타일의 교복을 입어야 했지요. 더

군다나 두발 규제도 매우 엄격했습니다. 초등학교를 졸업하고 중학교에 들어갈 때 아주 짧은 투박한 머리 모양을 해야 했습니다. 이런 머리 모양을 '상고머리'라고 불렀지요. 모두가 똑같은 검정 교복을 입고 상고머리를 한 학생들이 우르르 지나갈 때면 가까이 다가가지 않는 한 누가 누구인지 구별하기가 아주 어려웠답니다. 모두가 똑같아 보였으니까요.

하지만 모든 어른들이 이런 교복을 입고 학교를 다녔던 것은 아닙니다. 1983년에 이런 검정 교복은 폐지되었지요. 검정 교복이 일본 제국주의의 나쁜 악습이라는 비판을 받았고, 또 학생들의 개성을 자유롭게 표현할 수 있도록 해야 한다는 생각이 인정을 받았기 때문이죠.

그러나 몇 년이 지나지 않아 교복은 다시 부활했습니다. 교복이 없으니 학생들의 동질감과 소속감이 약해져 애교심이 없어지며 키와 덩치가 큰 학생들은 어른들과 구별되지 않아 나쁜 짓을 저지르고 탈선하기 쉽다는 비판 때문이었습니다. 학부모들의 옷값 부담이 크다는 이유도 덧붙여졌지만, 결국 교복이 부활하게 된 가장 큰 이유는 학생을 학생답게 관리하고 지도해야겠다는 생각 때문이었습니다.

새로운 교복은 옛날의 검정 교복과는 물론 달랐습니다. 학교별로 각기 다른 모양의 교복을 선택할 수 있게 되었고, 여전히 촌스럽긴 하지만 디자인도 예전보다 훨씬 다양해졌으니까요. 그래도 교복은 교복입니다. 두발 규제는 그 옛날 상고머리가 앞머리 3센티, 귀밑 1센티로 바뀌었을 뿐 아직까지도 자유롭지 못합니다.

배움에 충실해야 하는 학생이 학생다운 복장과 외모를 갖추도록 지도하겠다는 생각은 학생들의 개성을 무시하는 일입니다. 머리 모양과 옷차림은 자신의 개성을 표현하는 가장 중요한 방법입니다. 모두가 똑같은 옷을 입고 똑같이 짧은 머리 모양을 한다면 질서 있게 보이기는 하겠죠. 하지만 마치 기계로 찍어낸 듯 누가 누구인지 구별할 수 없는 똑

1982년 중학교 입학식. 교사가 학생에게 두발 길이를 알려주고 있다.

같은 사람들만 존재하는 사회는 생각만 해도 무기력하고 우울합니다. 그런 사회에 사는 사람은 각각 다른 개성을 가진 사람이 아니라 공장에서 똑같이 만들어 놓은 로봇과 같은 존재일 뿐입니다.

더구나 옷차림과 머리 모양이 불량하면 행동도 삐뚤어진다는 주장은 말도 안 되는 억지 논리입니다. 옷차림과 머리 모양이 자유로워서 탈선하는 것이 아니라 탈선하는 일부 청소년들의 옷차림과 머리 모양이 요란한 것일 뿐입니다. 학생들은 모두 다른 개성을 가진 존재입니다. 그리스 신화의 악명 높은 강도인 프로크루스테스는 자신의 침대를 이용해 불운한 나그네를 죽였습니다. 침대보다 크면 머리와 다리를 잘라서 죽였고, 침대보다 작으면 팔다리를 억지로 늘려 죽였다고 합니다. '똑같은 옷, 똑같은 머리 모양'을 강요하며 학생들을 똑같은 모양으로 만들려는

136

생활 지도는 이러한 프로크루스테스의 침대와 같습니다. 교복과 두발 규제 등 생활 지도라는 강제적인 교칙은 학생들의 개성을 없애 버리고, 학생들의 창의적인 생각마저 없애 버리는 잘못된 교육 방법입니다.

규율과 통제는 부정적인 결과를 불러온다

학교는 생활 지도로 아이들에게 규범과 질서를 지키는 법을 가르치고 올바른 삶의 자세를 익히게 한다고 하지만 실제로는 그저 학생을 통제하고 억압할 뿐입니다. 학생들이 잘못을 하거나 규칙을 어겼을 때 설득이나 상담보다는 먼저 벌점이나 체벌 등의 처벌을 통해 아이들을 바로잡으려 하는 것만 보아도 금방 알 수 있지요.

벌점이나 체벌은 전혀 인격적인 지도 방식이 아닙니다. 그것은 마치 동물들을 훈련시키는 방법과 같은 것입니다. 말을 듣지 않고 말썽을 피우는 강아지를 신문지를 돌돌 말아 때리는 것처럼, 말이 앞만 보고 달리도록 눈가리개로 눈을 가리는 것처럼 일방적으로 가르치는 것입니다. 이러한 방법이 동물에게는 효과가 있을지 모르지만 학생들을 가르칠 때는 보다 나은 방법을 찾아야 합니다. 왜냐하면 학교는 학생들을 수동적으로 명령에 따르기만 하는 사람으로 키우는 것이 아니라 자기 스스로 문제를 파악하고 해결하는 자율적인 인간으로 키워야 하니까요. 이러한 자율성은 처벌에 의해서는 만들 수 없습니다. 생활 지도는 학생들을 잘못된 가르침에 스스로 굴복시켜 시키면 시키는 대로, 하라면 하라는 대로 살아가는 수동적인 사람이 되도록 만듭니다.

또 벌점과 체벌은 나쁜 짓이나 폭력에 무감각하게 만듭니다. 학교에서는 모범적인 학생이 학교 밖에서는 삐뚤어진 행위를 하는 경우를 자주 볼 수 있습니다. 혼내 줄 사람이 없으니까 멋대로 하는 거지요. 그러

〈테세우스의 모험이 그려진 붉은 원형 술잔〉 부분, B.C. 440~430

한 학생들은 나쁜 짓을 하지 말아야 할 도덕적인 가치 판단을 하지 못합니다. 나쁜 짓을 하지 말아야 할 이유를 제대로 알지 못하기 때문입니다. 나쁜 짓은 처벌이 있기 때문에, 그리고 처벌이 있는 경우에만 하지 말아야 하는 것이 아닙니다. 나쁜 짓은 그 자체로 나쁘고 다른 사람들에게 피해를 주는 행위이기 때문에 해서는 안 되는 것입니다.

하지만 체벌과 벌점제 등 처벌에 익숙한 학생들은 나쁜 짓을 하지 말아야 할 유일한 이유를 처벌로 착각하며 살아갑니다. 그래서 체벌과 벌점제 등의 처벌이 없는 학교 밖에서는 아무런 거리낌 없이 다른 사람들에게 피해를 입히고 상처를 주는 행위를 하게 되는 것입니다. 마치 고삐가 매여져 있을 때는 얌전하지만, 고삐가 풀리면 마구 날뛰는 망아지

138

처럼 행동하는 거지요.

무엇보다 생활 지도의 가장 큰 문제는 학생들의 자유와 상상력을 억압하고 통제하는 일 자체가 폭력적이라는 데 있습니다. 튀는 생각, 남과 다른 생각을 하는 걸 일일이 지적하고 못하게 하는 것도 폭력입니다. 직접 때리지 않아도 인격을 가진 사람에게 심한 말을 함부로 하고 거칠게 대하는 것도 폭력이지요. 생활 지도는 심지어 체벌이라는 진짜 물리적인 폭력을 쓰기도 합니다.

폭력은 폭력을 휘두르는 사람, 당하는 사람, 그리고 옆에서 지켜보는 사람 모두의 마음에 상처를 입힙니다. 그리고 점점 억압적이고 폭력적인 분위기에 익숙해져 자신도 모르게 폭력을 쓰는 법을 배우게 됩니다. 부모에게 맞고 자란 아이가 나중에 자라서 자신의 아이를 엄하게 체벌로 다스리는 것처럼 말입니다. 또 엄마에게 혼나면 그 화풀이를 어린 동생에게 하듯이 교실에 가득 찬 폭력적인 분위기는 약자를 배려하기는커녕 더 못살고 괴롭히게 만들지요.

이처럼 생활 지도는 긍정적인 점보다는 부정적인 점이 더 많습니다. 얼마 전 큰 논란이 되었던 '학생 생활 지도 도움 카드'의 경우를 볼까요? 이 제도는 학교에서 문제를 일으킬지도 모르는 학생들을 지도하기 위해 학생들의 정보를 카드로 만들어 관리하려고 만들어졌습니다. 그런데 이 카드에는 학생의 신체 및 건강상의 특이사항, 학생 가족의 직업과 경제력, 주변 학생들의 전화번호, 학생 징계 기록, 개인의 사상과 신념 등 학생의 모든 것을 기록합니다. 이 카드를 본 선생님은 그 학생에 대해 좋지 않은 선입견을 가질 수 있고, 자칫 다른 학생들이 이 카드를 보게 된다면 좋지 않은 소문이 나거나 차별과 따돌림을 당할지도 모릅니다. 결국 생활 지도는 학생을 위하는 일이라고 하지만 오히려 학생의 인권을 침해하는 해로운 일이 될 수 있는 것입니다.

생활 지도가 꼭 필요하다고 주장하는 사람들은 언제나 "청소년은 아직 미성숙한 존재다."라는 근거를 듭니다. 하지만 청소년보다 더 미성숙한 행동을 하는 어른들도 얼마든지 있습니다. 단순히 나이가 많으면 성숙한 사람으로, 나이가 어리면 미성숙한 사람으로 나누는 것은 어린이와 청소년을 독립된 하나의 인격체로 바라보지 않기 때문입니다.

학생도 엄연한 인간입니다. 학생 역시 인간으로서 자신의 존엄성을 유지하고 자기 스스로 행복을 추구할 수 있어야 합니다. 다른 사람의 명령에 따라 살아가는 수동적인 사람이 되면 진정한 행복을 찾을 수 없기 때문입니다.

아직 어리다는 이유로 옷차림도 머리 모양도 마음대로 하지 못하고, 학교가 정한 것과 다른 옷을 입고 다른 머리 모양을 했다고 벌을 주는 것은 자유로운 선택을 억압하는 일입니다. 자신의 개성을 드러내는 일은 우리 사회가 누구에게나 반드시 존중해 주어야 마땅한 기본적인 인권입니다. 아직 어리다는 이유로, 보호받아야 한다는 이유로 사생활을 시시콜콜 간섭하고 체벌을 하는 일은 명백한 인권 침해입니다.

남학생에게 스포츠형 머리만 허용되던 경기도 수원의 한 고등학교에서도 처음엔 "앞머리가 눈썹을 덮지 않는 선까지 기르도록 허용한다."고 교칙을 바꾸었다가 현재는 "두발은 모양새가 자연스러우며 균형을 이루는 단정한 형태로 한다."로 더욱 자유롭게 바뀌었다고 합니다. 처음엔 머리를 기를 수 있다는 자유에 지나칠 정도로 길게 머리를 기르던 학생들도 시간이 지나자 덥고 거추장스러워 다시 단정한 머리가 되었기 때문입니다. 이 학교는 야간자율학습도 강제로 시키지 않았습니다. 처음엔 대학 진학률 하락을 걱정했던 부모님들도 우려와는 달리 오히려

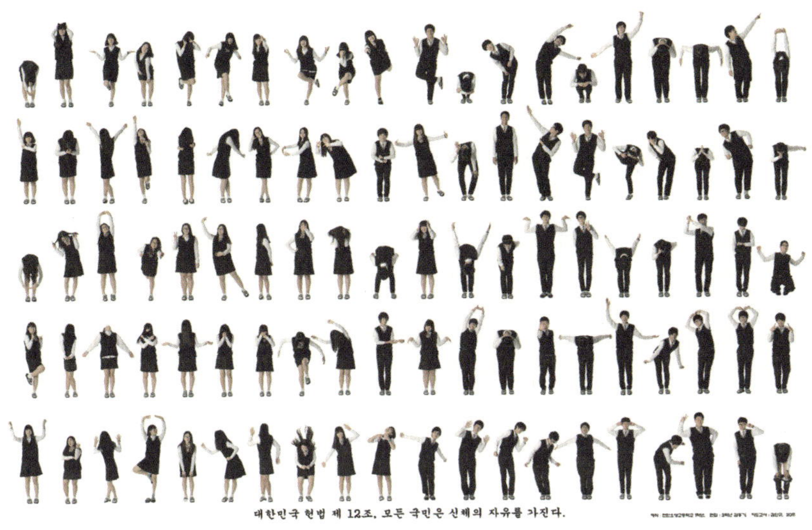

2011년, 천안 오성고등학교 1학년 학생들이 김인규 선생님의 지도로 미술 시간에 〈신체의 자유〉를 표현하는 포스터를 만들었다.

대학 진학률이 오르자 학교와 아이들을 믿게 되었다고 합니다.

학생들은 스스로 올바른 길을 찾을 수 있습니다. 학교에서 지켜야 할 규칙과 규율을 어른들이 무조건 하라고 해서 억지로 하는 것보다 스스로 결정해서 만들 수 있다면 더 큰 책임감으로 더 잘 따르게 될 것입니다. 억압하고 통제하는 것은 불필요한 스트레스와 반항심만 부추길 뿐입니다.

학교생활을 통해 학생들은 자율적인 인간이 되어야 합니다. 선생님의 명령이나 생활 지도와 같은 규율에 무조건 복종하는 수동적인 인간이 아니라 자신들의 문제를 스스로 생각하고 스스로 결정하고 행동하는 인간이 바람직한 인간입니다. 만약 잘못된 행동을 한 학생을 처벌할 때 학교나 선생님의 일방적인 판단으로 벌점을 주거나 체벌을 가한다면 일시적인 효과는 있겠지만 다시 잘못된 행동을 하는 학생이 생길 것입니

다. 하지만 학생들 스스로 잘못된 행동을 놓고 토론하고 비판하고 벌을
준다면 훨씬 효과적일 것입니다.

선생님의 일방적인 처벌을 받은 엄석대는 사라졌지만, 그것은 엄석
대의 폭력이 선생님의 폭력으로 바뀌었을 뿐 학생들 스스로의 선택에
의한 것은 아니었습니다. 이에 반해 황석영의 소설 『아우를 위하여』의
경우 결말에서 반 아이들은 나쁜 짓을 저지르는 영래 패거리에 저항합
니다. 폭력으로 반 아이들을 겁주던 영래 패거리는 순종적이던 아이들
의 강력한 저항에 겁을 먹고 초라하게 풀이 죽은 채 사과를 하게 됩니
다. 선생님의 일방적인 처벌이 아니라, 학생들의 자율적인 해결이 보다
좋은 결과를 만들어 낸 것입니다.■

생활 지도는 프로크루스테스의 침대가 되어서는 안 됩니다. 사람에
게 침대를 맞추어야지, 침대에 사람을 맞추어서는 안 되는 것입니다. 키
가 큰 사람에게는 큰 침대가 필요할 것이고, 키가 작은 사람은 작은 침
대로도 충분하겠지요. 모든 학생들에게 똑같이 행동하라고 요구하는 일
방적인 생활 지도는 개성 없이 수동적이고 타율적인 학생들을 길러낼
뿐입니다. 생활 지도 대신 스스로 정한 규칙을 지키며 학교생활을 하게
될 때 학생들은 미래 사회에 꼭 필요한 자율적이고 개성 있는 인재로 성
장할 것입니다.

●●●●●아우를 위하여
『아우를 위하여』(1972)는 황석영의 단편 소설로 형이 군대에 간 아우에게 보내는 편지 형식으로 되어
있다. 6·25 직후 형이 국민학교에 다니던 때, 여러 나이대의 아이들이 함께 공부하던 상급반 교실은
급장 영래와 그 패거리들이 지배하고 있었다. 그러나 다정한 여자 교생 선생님이 아이들을 온화하게
감싸주면서 영래 패거리의 권력이 흔들리기 시작한다. 이에 위기감을 느낀 영래 패거리가 교생 선생
님을 모욕하자, 착하지만 무력했던 다수의 학생들이 영래의 횡포에 맞서게 된다.

입장 정하기

● 다음 쟁점에 대하여 자신의 입장을 정하고 근거를 제시해 봅시다.

> **쟁점 ❶** | 말을 듣지 않는 학생에게는 체벌이나 벌점이 효과적이다.

입장 :

근거 :

> **쟁점 ❷** | 선생님과 학교의 지시를 잘 지키는 학생이 학생다운 학생이다.

입장 :

근거 :

> **쟁점 ❸** | 청소년기에는 지금 행복한 것보다 나중을 위해 참는 것이 중요
> 하다.

입장 :

근거 :

● ○○ 학교 학생 법정에서는 다음 벌점 항목에 대해 처벌을 하고자 합니다.
각각 적합한 처벌을 선택하고 그 이유를 제시해 봅시다.

벌점 항목 : 실내화 신고 운동장 출입, 두발 불량 및 용모 불량, 만화책 및
불건전 CD 소지, 수업 중 소란 행위

처벌내용 :

구레나룻과 춤추는 교도소

풍선 효과라는 말을 들어 보았나요? 풍선의 한 곳을 누르면 다른 곳이 튀어나오는 것처럼 문제 하나를 해결해도 곧 다른 문제가 생긴다는 말이죠. 무조건 규율로 억압하는 것보다 풍선의 바람의 빼는 게 우선 아닐까요?

법원이 결정한 학생들의 머리 길이

머리 모양을 마음대로 하지 못하게 하는 두발 규제는 우리나라만의 문제는 아닙니다. 미국의 고등학생인 매시는 미국의 옛날 정치인들처럼 구레나룻과 수염을 길게 기르는 사이드번(sideburn)이라는 머리 모양을 하고 학교에 다니다 정학을 받자 다른 학생들과 함께 법원에 소송을 걸었습니다.

학생들은 머리 길이와 모양을 자유롭게 선택할 권리가 있다고 주장했지만 학교는 특이한 머리 모양이 왕따 문제를 불러올 수 있고, 긴 머리카락이 눈을 가려 공부하는 데 방해가 되며, 연소 실험을 하거나 용접 실습을 할 때 화재나 부상의 위험이 있다고 주장했지요.

첫 번째 재판에서 학교가 이겼지만 항소 법원은 학생들의 손을 들어 주었습니다. 남자는 머리가 짧아야 하고 수염은 단정하지 못하다는 인식은 선입견에 불과하며, 미국의 역대 대통령들은 장발 또는 수염을 기른 이들이 무척 많았고 예수의 초상화에도 머리가 길게 그려져 있으니 두발 규제를 한다면 예수도, 링컨이나 루스벨트 대통령도 모두 모두 학교 규정 위반이라고 지적하며, 그들도 학교를 못 다니게 해야 하느냐고 반문했지요. 또 '왕따나 조롱의 대상이 될 가능성'도 근거가 부족하고 긴 머리카락이 실험실에서 위험한 것은 맞지만 머리를 자르는 대신 헤어밴드나 안전 모자를 쓰는 등 다른 방식의 해결책이 있다고 말했습니다. 법원은 "누구나 자신이 선택한 방식으로 개인적인 권리를 누릴 수 있다는 것을 가르치는 것이 더 건전한 교육이다."라고 판결했습니다.

그 후 이 판결은 두발 규제에 대한 "건강이나 안전, 수업 분위기 등에 구체적이고 실질적인 위험이 없다면 학생의 권리를 제한하는 두발 규제는 허용되지 않는다."는 원칙으로 학교의 두발 규정이 정당한지 판단하는 기준이 되었지요.

춤추는 교도소

필리핀의 세부에 있는 한 교도소는 죄수들의 생활을 엄격하게 통제하는 대신 체력 단련 시간을 마련해 춤을 가르쳤다고 합니다. 살인, 마약 거래, 강간 등의 죄를 짓고 필리핀에서 가장 폭력적인 교도소에 들어와 있던 죄수들은 처음에는 슬리퍼를 던지고 욕을 퍼부었지요. 이들은 얼마 전까지 교도소 안에서 폭동을 일으켜 사람들을 두려움에 떨게 만들기도 했습니다. 하지만 하루 3시간씩 마이클 잭슨과 퀸의 노래에 맞춰 춤을 춘 이후로 죄수들이 스스로 교도소의 규율을 따르기 시작했고, 교도소 안에서 술과 마약이 사라지기 시작했습니다. 그리고 교도소를 나간 뒤 다시는 범죄를 저지르지 않아 재범률 0퍼센트라는 놀라운 기록을 만들었지요.

2009년, 천 명이 넘는 죄수들이 주황색 죄수복을 입고 우리나라 가요인 〈노바디〉에 맞춰 신나게 춤추는 장면이 유투브에 공개되기도 했습니다. 엄격한 규제보다 자유로운 춤사위가 사람들을 마음으로부터 변하게 만든 것입니다.

폭력 학생을 힘으로 막는 동아리가 생긴다면?

● ● ● 우리는 모두 폭력 없는 세상을 꿈꿉니다. 그럼에도 현실에서는 크고 작은 이런 저런 폭력을 언제나 목격하게 되지요. 더구나 학교 바깥세상보다 학교 안에서 더 자주 폭력을 목격하게 되는 요즘, 친구가 당하는 모습을 보고도 두려움 때문에 어쩔 수 없이 이를 외면하기도 합니다. 그런데 만약 폭력 학생을 힘으로 막는 동아리가 생긴다면 어떨까요? 친구들이 "눈에는 눈, 이에는 이!"라고 말하며 불량 폭력 서클에 맞서는 건전 폭력 서클을 만들자고 제안해 온다면 여러분은 어떤 선택을 할 건가요?

●

그래,
폭력은 정당한 폭력으로 막아야 해

●

아니야,
폭력은 비폭력으로만 없앨 수 있어

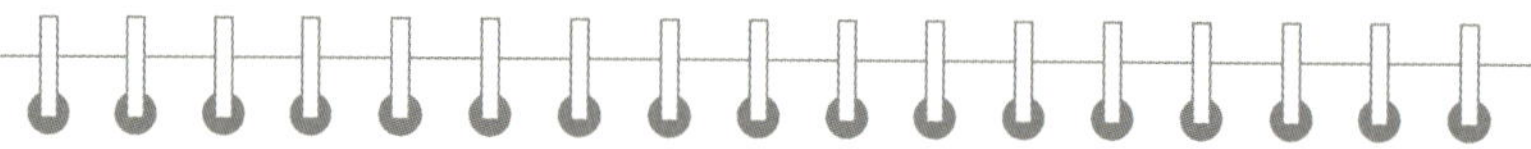

만약 누군가 약한 친구를 때리려 할 때, 그 팔을 붙잡고 막는 사람이 있다면 어떨까요? 다음은 다른 학생을 괴롭히는 폭력 학생이었다가 학교 명예 경찰이 되었던 학생이 선생님께 보내는 상상의 편지입니다. 글을 읽고 만약 학교에 명예 경찰처럼 불량 폭력 학생들을 막아주는 건전 서클이 있다면 어떤 일이 벌어질지 상상해 볼까요?

선생님, 안녕하세요. 그동안 잘 지내셨나요? 스승의 날 때도 전화 한 번 못 드리고 죄송해요. 갑자기 이렇게 편지 드리는 것은 선생님께 부탁드릴 일이 있어서입니다.

선생님, 저 결혼합니다. 아마 동창들 중에서 제가 가장 빨리 결혼하는 걸 거예요. 예? 철은 가장 늦게 들었던 녀석이 결혼은 가장 잽싸게 한다고요? 후후. 빠른 시일 내에 저의 반려자가 될 사람을 데리고 찾아뵙겠습니다. 그럼 아실 거예요. 왜 제가 서둘러 결혼하려고 하는지.

선생님, 제 결혼식의 주례를 부탁드립니다. 선생님께서 꼭 해주실 거라고 믿고 드리는 부탁입니다. 왜냐고요? 그건 선생님이 제 인생에서 가장 중요한 멘토이셨기 때문입니다.

돌이켜 보면 저는 중학교 시절 선생님께 최대의 골칫덩어리였어요. 기억하세요? 언젠가 저한테 그러셨던 거.

"내가 너만 없으면 살겠다. 너를 보면 내가 왜 교사가 되었을까 후회하게 돼. 너는 매일매일 내가 얼마나 무능한 교사인지를 일깨워 주고 있어."

그때 저는 그런 말을 듣는다고 변할 녀석이 아니었어요. 아니, 어쩌면 선생님의 그런 말씀이 오히려 저를 대단한 녀석인 양 느끼게 해줬어요. 저의 존재감을 더 크게 느끼게 되었다고나 할까요. 그만큼 저는 비뚤어질 대로 비뚤어진 상태였지요. 부모님과 선생님 말씀에 거스르는 행동을 통해서만 저의 존재감을 확인하던 게 바로 저였으니까요. 싸우지 말라면 싸우고, 공부하라면 공부만 빼고 무슨 짓이든 하고.

그랬던 제가 변화하게 된 결정적 계기는 바로 선생님의 엉뚱한 제안이었습니다. 어느 날 저를 부르시곤 말씀하셨죠.

"너 말이다, 네가 그렇게 싸움질을 잘한다면 한번 그런 소질을 좋은 데에 써먹으면 어떨까? 힘이 약한 애를 골라서 때리고 괴롭히고 그러지 말고. 그런 짓은 치사하고 비겁한 짓이거든. 그래서 말인데, 너 우리 학교 명예 경찰이 되면 어떻겠니? 우리 학교에 명예 경찰대를 만들기로 했는데, 내가 너를 추천했어. 몇몇 선생님께서는 반대하셨지만 내가 끝까지 설득했어. 그래서 교장 선생님께서도 허락하셨어. 나는 네가 명예 경찰로 아주 딱이라고 생각해. 왜냐하면 네 마음 깊숙한 곳에 정의감이 있다는 걸 알게 되었거든."

저는 그때 너무 황당했었어요. '못된 짓을 저질러서 이미 수차례 경찰서에 드나들었던 나한테 명예 경찰이 되라고? 놀리는 거야 뭐야 이거.' 그런데 선생님께서는 너무 진지하셨어요.

"힘없는 약자를 괴롭히는 데 힘을 사용하면 그건 불의야. 그렇지만 괴롭힘당하는 약자를 보호하는 데 힘을 사용하면 그건 정의야. 이제부터 너의 힘을 정의롭게 사용하는 거야. 너의 싸움 본능을 악과 싸우는 데 사용하자 이거지. 어때?"

저는 장난삼아 선생님의 제안을 받아들였지요. 그런데 그게 제 인생의 나침반을 되돌려 놓을 줄이야!

처음 한동안은 명예 경찰 배지를 달고 거들먹거리기도 했지요. 그런데 차츰차츰 저는 변했습니다. 한때 제가 속했던 서클의 한 친구가 저희 반 친구 하나를 골라서 괴롭히는 걸 봤어요. 그때 제 입에서 "야! 그러지 마!" 하는 말이 튀어나왔습니다. 그리고 괴롭힘을 당하던 친구가 나를 바라보던 눈빛에서 묘한 감동을 느꼈습니다. 그건 바로 제가 오랫동안 목말라하던 눈빛이었습니다. 저를 인정해 주는 눈빛이었습니다. 뭐 하나 제대로 하는 게 없는 녀석, 상대하지 말고 피하는 게 상책인 녀석이라는 눈빛이 아니었습니다. 그 친구는 저한테 진심으로 고마워하고 있었습니다.

그리고 저는 제가 어떻게 행동하는가에 따라서 누구든 저를 그런 눈빛으로 바라볼 수 있다는 것을 깨달았습니다. 그렇게 조금씩, 조금씩, 저는 변화되었습니다. 저는 사람이 무엇을 위해 싸워야 하는지를 서서히 깨달아 갔습니다. 그러던 어느 날 선생님께서는 저한테 태권도를 제대로 배워 보라고 하셨지요. 명예 경찰로서 책임을 다하기 위해서는 불의한 폭력과 맞서서 물러서지 않을 힘과 실력이 있어야 한다면서요.

그렇게 해서 중학교를 졸업하던 날 저는 명예 경찰 대장으로 공로상을 받게 되었습니다. 듣자하니, 저희 모교가 학교 폭력 없는 모범 학교로 뽑혔다고 하더군요. 저는 그게 다 선생님 덕분이라고 믿습니다. 저처럼 분별력 없이 함부로 힘을 휘두르던 학생들에게 정의롭게 힘을 행사할 수 있는 길을 터 주신 덕분이라는 것을 저는 체험으로 너무나 잘 알고 있습니다.

선생님, 저는 지금 아버지께서 하시던 식당의 주방장이 되었습니다. 제가 주방장이 되고 나서 식당의 매출도 많이 올랐다고 아버지도 기뻐하십니다. 제 반려자가 될 사람도 저희 식당에서 알바로 서빙 일을 하던 친구입니다.

아, 참! 몇 달 전에 저희 식당 옆에 있는 가게에서 불량배 한 명이 행패를 부린 적이 있습니다. 그때 제가 명예 경찰의 본능을 발휘해서 잘 타일러서 쫓아낸 적이 있습니다. 물론 중학교 때 배워둔 태권도가 큰 도움이 되었지요. 그리고 얼마 전에는 저희 식당 주변 골목길에서 중학생 몇 명이 한 아이를 괴롭히는 모습을 봤어요. 그래서 제가 가서 혼도 내고 타이르기도 했지요. 나중에 걔네들을 저희 식당에 데려다가 돈가스도 먹여서 보냈어요.

그런데 이런저런 일들이 소문이 나면서 주변 상인들이 저를 경찰서장에게 추천해서 이번에 제가 명예 경찰로 임명되었습니다. 저희 식당 메뉴판 옆에 저의 명예 경찰 임명장과 배지가 걸려 있습니다. 그걸 볼 때마다 선생님 생각을 합니다. 어때요? 맞지요? 선생님은 저의 영원한 멘토라는 말이요. 선생님께서 제게 명예 경찰을 하라고 하셨을 때 제가 거절하지 않았던 것처럼, 선생님께서도 제 결혼식 주례 부탁을 거절하시지 않을 거라고 믿습니다.

선생님께서 수락해 주실 것을 굳게 믿으며, 곧 제 반려자와 함께 모교로 찾아뵙겠습니다.

선생님, 늘 건강하세요! 사랑합니다~~!!

그래!
폭력은 정당한 폭력으로 막아야 해

찬성! 건전 폭력 서클

오늘 철수는 충격적인 장면을 목격했다. 학교에서 '일진'에 속한 아이 한 명이 철수의 단짝 친구에게 매점에 가서 빵을 사오라고 시켰던 것이다. 힘이 약한 친구는 꼼짝없이 시키는 대로 매점으로 갔다. 철수는 당장 그러지 말라고 쏘아붙이고 싶었지만 아무 말도 하지 못했다. 집에 돌아와서도 철수는 오늘 일을 머릿속에서 지워 낼 수가 없었다. 단짝 친구가 당하는 모습을 보고도 침묵했던 자기 자신이 한없이 비겁하고 초라하게 느껴졌다.

"야! 너 내가 경고하는데, 그런 짓하면 안 돼! 빵이 먹고 싶으면 네 발로 가서 사 먹어! 얘가 네 노예냐? 노예냐고!"

왜 뚜벅뚜벅 다가가 똑바로 말하지 못했을까? 두려웠기 때문이다. 철수 역시 그 애에게 시달릴까 겁이 났기 때문이다. 하지만 혼자 맞서지 않고 여럿이 뭉쳐 맞서면 어떨까?

　'일진 애들도 서클을 만들어. 맞아! 불량 서클에 맞서는 서클을 만드는 거야! 좋은 목적을 위해 뭉치다니 얼마나 멋진 일이야? 불량 서클 아이들은 분명히 우리에게 폭력을 쓸 거야. 그 애들을 누를 방법은 힘밖에 없어. 눈에는 눈, 이에는 이! 그래, 불량 폭력 서클에 맞서는 건전 폭력 서클을 만들어야 해!'

　철수는 다음날 학교에 가서 마음이 맞는 친구들을 모으기로 굳게 마음먹었다. 그리고 나서야 철수는 편하게 잠들 수 있었다.

　만약 철수가 여러분한테 건전 폭력 서클을 만들자고 제안을 해 온다면 여러분은 뭐라고 대답할 건가요? 서클에 적극적으로 가담하고 싶나요? 직접 서클에 가담하진 않더라도 서클을 만드는 걸 마음을 다해 지지하고 열심히 도와줄 건가요? 혹시 건전 폭력 서클도 불량 서클과 똑같이 폭력을 쓴다는 사실에 거부감이 드나요? 하지만 폭력만이 폭력을 누를 수 있다면 여러분은 어떤 선택을 할까요?

공격성은 인간의 본능

우리는 모두 폭력 없는 세상을 바랍니다. 그러나 안타깝게도 폭력은 어느 시대 어떤 사회에서나 존재해 왔고 또 앞으로도 존재할 것입니다. 우리 주위를 한번 둘러볼까요? 폭력은 학교 밖이건 학교 안이건 다 존재합니다. 심지어 가정 안에서도 폭력은 존재합니다. 나라 밖도 마찬가지입니다. 폭력은 선진국이건 개발도상국이건 다 존재합니다. 폭력은 정도의 차이가 있을 뿐 언제 어디에나 존재하는 것입니다.

　왜 그럴까요? 인간의 본성에 뿌리박은 '공격성'이 밖으로 드러난 행동이 바로 폭력이기 때문입니다. 그렇다면 공격성의 표출은 무조건 나

루소, 〈전쟁 혹은 불화의 기마여행〉, 1894

쁜 것일까요? 그렇지 않습니다. 동물들을 볼까요? 새가 새끼를 낳아 둥지에서 기르고 보호하는 모습을 관찰해 봅시다. 밥도 굶어 가며 꼼짝 않고 알을 품고, 새끼가 깨어나면 매일 먹이를 물어다 먹이는 그 헌신적인 모성애와 부성애는 우리를 감동시킵니다.

그런데 그 자애로운 부모 새들이 포식자가 나타나면 완전히 돌변합니다. 독수리나 매 같은 사나운 맹금류가 공격할 때는 물론 뱀이 새끼를 노릴 때에도 작은 부모 새들은 온 힘을 다해 맞서 싸웁니다. 목숨을 걸고 새끼를 보호하는 작은 새들의 이런 모습은 우리에게 커다란 감동을 주지만, 이 부모 새의 행동도 일종의 폭력입니다. 다른 포유류 동물들도 마찬가지입니다. 자신의 새끼를 지키기 위해, 또 스스로를 지키기 위해 잠재된 공격성을 한껏 표출합니다. 공격성은 위급한 상황에서만 드러나는 것은 아닙니다. 짝짓기를 위한 경쟁의 과정에서도 동물들은 공격적인 본능을 있는 힘껏 드러내지요.

이런 공격성은 동물인 우리 인간에게도 당연히 존재합니다. 다만 동물들은 위급한 상황이나 짝짓기 철 등 본능에 따라 특정한 상황에서만 표출하는 데 비해 인간은 그렇지 않다는 점이 다를 뿐입니다.

인간은 어떤 문화와 제도에 어떻게 적응해서 살아가느냐에 따라 공격성을 드러내는 방식과 정도가 달라집니다. 같은 문화와 제도 안에서도 어떤 환경에서 자랐는지, 또 어떤 교육을 받았는지에 따라 달라지기도 하지요. 예를 들어 폭력을 함부로 행사해도 너그럽게 봐주는 사회에서 자란 사람에게는 폭력이 자연스러운 생활의 일부가 될 수 있습니다. 마음 내키는 대로 아무 때나 공격성을 드러내며 살아가는 거죠. 반대로 공격성을 드러내는 일을 엄격히 제한하는 사회에서 자란 사람은 아무 때나 폭력을 사용하지 않습니다.

좋은 사회는 당연히 공격성을 엄격히 제한하는 사회입니다. 그런데 아무리 공격성을 엄격히 제한하는 사회라 해도 예외적으로 정당성을 인정받는 폭력이 있습니다. 바로 자기 자신을 보호하기 위해 상대방에게 해를 입히는 정당 방어와 약자를 보호하기 위한 폭력입니다.

부당한 폭력 vs 정당한 폭력

폭력을 무조건 다 악으로 여기고 폭력을 무조건 증오해야 한다고 생각하는 사람들이 많습니다. 하지만 이런 생각은 어떤 경우에도 폭력에 관여해서는 안 된다는 결론을 낳아 눈앞의 부당한 폭력을 외면하게 만듭니다. 폭력을 혐오하는 태도가 오히려 더 큰 폭력을 불러오고 더 많은 피해자를 만들어 내는 것입니다.

모든 폭력이 다 악은 아닙니다. 폭력에는 부당한 폭력과 정당한 폭력이 있습니다. 예를 들어 누군가 아무 잘못도 없는 사람을 단지 약자라는 이유로 골라서 폭력을 행사한다면 이는 부당한 폭력에 해당됩니다. 반대로 자기 자신과 약자를 보호하기 위해 불가피하게 상대방에게 폭력을 행사했다면 이는 정당한 폭력에 해당됩니다. 약자에게 함부로 부당한 폭력을 휘두르는 사람을 무엇으로 막을 수 있을까요? 말로 좋게 설득한다고 그 사람이 폭력적인 행동을 멈출까요? 당연히 누군가 그 사람을 힘으로 눌러야 합니다. 그 힘이 바로 정당한 폭력입니다. 이렇게 폭력을 두 가지로 나눠서 생각하면 다음과 같은 결론이 나옵니다. "우리는 부당한 폭력을 막기 위해 정당한 폭력을 행사할 의무가 있다." 따라서 건전 폭력 서클은 옳은 선택입니다. 정당한 폭력으로 부당한 폭력을 막으려는 모임이기 때문입니다.

부당한 폭력을 쓰는 사람은 다른 사람보다 힘이 세다는 이유로 마음대로 폭력을 휘두릅니다. 당하는 사람들이 두려워하면 두려워할수록 의기양양해져 상대방을 마구 짓밟아 버리지요. 반대로 자신보다 더 힘이 센 사람에게 당하면 바로 꼬리를 내립니다. 때문에 불량 폭력 서클의 아이들은 자기들끼리 끊임없이 싸움을 해 가장 힘센 일진을 가리고 서열을 정해 자기들의 위치를 확인합니다.

만약 건전 폭력 서클이 만들어져 불량 서클의 아이들을 모조리 힘으로 제압한다면 그 순간 불량 폭력 서클은 사라져 버릴 것입니다. 동시에 학교 폭력도 사라질 것입니다. 물론 처음엔 있는 힘껏 반항하겠지요. 하지만 건전 폭력 서클에 가담하는 학생이 많아지면 많아질수록 불량 폭력 서클에 가담한 학생들은 두려움을 느끼는 동시에 자신들이 휘두른 폭력이 어떤 성격의 폭력이었는지 깨닫고 수치심마저 느끼게 될 것입니다.

또한 건전 폭력 서클이 결성되면 학교 폭력을 목격하고도 방관자로 남아야 했던 많은 학생들의 괴로움도 해결해 줄 수 있습니다. 학교 폭력이 지금처럼 심각해진 데에는 학교 폭력의 직접적인 가해자가 아닌 방관자들에게도 커다란 책임이 있습니다. 우리는 누군가 부당한 폭력을 당하는 것을 보면 이를 막기 위해 노력해야 할 의무가 있습니다. 그러나 지금까지 방관자인 학생들이 할 수 있는 일은 별로 없었습니다. 선생님께 알리거나 경찰에 신고하는 일도 보복이 두려워 선뜻 실행에 옮기지 못한 채 스스로를 비겁한 사람으로 만들 수밖에 없었지요. 만약 건전 폭력 서클이 만들어지면 여러 사람의 힘을 모아 용기 있게 폭력에 맞설 수 있게 될 것입니다.

건전 폭력 서클에서 진짜 스쿨폴리스로

영국의 철학자 홉스는 자연 상태에서 살아가는 인간은 안전을 보장받기 위해, 또 이익을 얻거나 좋은 평판을 듣기 위해 남을 해칠 수 있는 존재라고 생각했습니다. 홉스에 따르면 이런 인간들이 모여 사회를 이루기 때문에 우리가 사는 세상은 전쟁과도 같은 '만인의 만인에 대한 투쟁' 상태가 되지요. 이 상태를 벗어나려면 사람들 모두가 자신들의 힘과 권력을 어떤 사람이나 집단에게 주면 됩니다. 범죄를 저지른 사람을 처벌할 수 있는 힘을 누군가에게 주는 것이지요. 홉스는 그 누군가를 바로 '국가'라고 생각했습니다. 사람들이 위험과 공포에서 벗어나기 위해 일종의 계약을 맺는 방식으로 국가를 만들게 되었다고 보는 거지요. 개인들이 모두 국가에 복종하는 대신 국가는 개인의 생명과 재산을 위협

●●●●●●홉스
홉스(1588~1679)는 영국의 철학자이자 정치학자이다. 그는 자신의 책 『리바이어던』에서 인간이 생존하기 위해 "만인의 만인에 대한 투쟁"을 하는 자연상태를 벗어나 사람들끼리 계약을 해 국가를 만들었다고 주장했다.

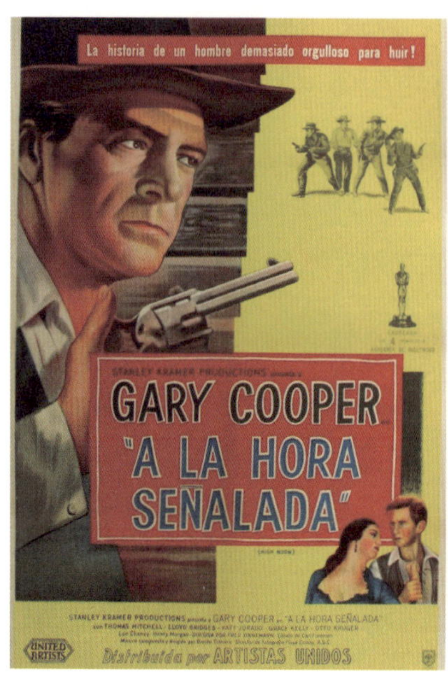

프레드 진네만, 〈하이 눈〉, 1952   브라이언 싱어, 〈슈퍼맨 리턴즈〉, 2006

하는 자들을 엄하게 처벌하고 단속하는 것이 계약의 내용입니다.

미국의 보안관을 예로 들어 볼까요? 옛날 미국 사람들이 처음 아메리카 대륙을 개척할 당시에는 제대로 된 국가가 형성되지 못한 상태였습니다. 오늘날 우리나라에서처럼 국가가 임명한 경찰이나 검사, 판사가 전국에 다 배치되지 못한 상황이었습니다. 그러다 보니 미개척지에서는 치안이 엉망이었습니다. 홉스의 표현처럼, '만인의 만인에 대한 투쟁 상태'였던 거죠.

그래서 미개척지의 주민들이 모여 자율적으로 보안관을 뽑았습니다. 그런 다음 이 보안관한테 누구든 범죄를 저지르면 총을 사용해 체포해서 가두고 벌을 줄 수 있는 권력을 주었지요. 만약 사람들 사이에 다툼이 벌어질 때 보안관이 나타나서 중단하라고 하면 무조건 중단해야 했습니다. 이 과정에서 보안관의 지시를 거부하거나 저항하는 사람이 있으면 보안관은 얼마든지 총을 뽑아서 굴복시키고 체포할 수 있었고요.

여러분들은 '공권력'이라는 단어를 들어 본 적이 있을 겁니다. 공권력이란 정당한 폭력을 법에 따라 사용하는 일을 말합니다. 경찰이 대표적이지요. 경찰과 시민은 결국 시민들이 세금을 내서 경찰에게 월급을 주고 필요한 장비를 제공할 테니 자신들의 생명과 재산을 지켜 달라고 계약을 맺은 관계입니다. 그래서 모든 국가에는 다 경찰이 있고, 경찰은 부당한 폭력을 행사한 사람들을 정당한 폭력으로 처벌하고 단속하지요.

경찰은 시민들이 범죄로 인한 공포와 불안을 느끼지 않도록 할 의무가 있습니다. 경찰이 책임지고 도둑과 폭력배를 잡아 줄 것이라고 믿기 때문에 우리들은 안심하고 생활할 수가 있는 거죠. 시민은 경찰이 법에 따라서 질서를 유지시키려는 노력에 협조할 의무가 있고요.

그러나 학교는 조금 특수한 사회입니다. 아직 미성숙한 청소년들이 모여 자율성을 학습하는 곳이기 때문에 교사가 교육적인 방법으로 질서를 유지할 뿐 경찰이 적극적으로 나서지 않았지요. 하지만 학교 폭력이 점점 심해지면서 학교에 직접 경찰을 배치하는 스쿨폴리스 제도가 시행되는 학교도 생겨났습니다. 그러나 몇 명의 경찰이 학교 전체를 감시해 폭력을 예방하는 것은 현실적으로 불가능합니다.

학교 곳곳에서 시도 때도 없이 일어나는 학교 폭력을 예방하려면 학생 스스로가 스쿨폴리스를 운영해야 합니다. 질서와 안전을 위해 지역 주민들 스스로 보안관을 뽑듯이, 시민이 세금을 내고 경찰에 의지하듯이 학생들도 스쿨폴리스를 만들어야 합니다.

그리고 학생 스쿨폴리스에겐 학교 밖 진짜 경찰처럼 반드시 부당한 폭력을 제압할 힘과 조직이 있어야 합니다. 그냥 대화와 설득만으로 운영하라고 하면 그건 있으나마나 한 거죠. 경찰이 폭력을 휘두르는 사람을 보면 그 자리에서 즉각 중단하라고 경고하고 만약 무시할 경우 강제로 제압할 힘이 있어야 맞겠죠? 그렇지 않고 제발 그만 좀 때리라고 폭력배한테 눈물로 호소하면서 발만 동동거리면 될까요?

철수가 제안한 건전 폭력 서클이야말로 진정한 학생 경찰입니다. 정당한 폭력으로 부당한 폭력을 제압하고 정의를 수호할 수 있는 건전 폭력 서클은 학교 폭력을 없애 줄 가장 확실한 방법이 될 것입니다.

아니야!
폭력은 비폭력으로만 없앨 수 있어

반대! 건전 폭력 서클

다음날 철수는 친한 친구들만 모아서 자신의 제안을 설명했다. 철수가 제안한 내용을 다 듣고 난 후, 친구들의 반응은 제각각이었다. 좋은 방법이라는 친구도 있었는가 하면, 말도 안 된다며 비웃는 친구도 있었다. 하고 싶으면 너나 하라면서 무관심을 나타낸 친구도 있었고, 잘 판단이 서지 않는다며 좀 더 생각해보겠다는 친구도 있었다. 그런데 그 중에서 인호의 반응은 남달랐다. 인호는 철수가 왜 그런 제안을 하게 되었는지 공감이 간다고 했다. 그렇지만 철수가 제안한 방법은 문제를 더 악화시킬 거라고 말했다. 철수가 왜냐고 물었더니 인호가 자신의 경험을 이야기해 주었다.

인호는 부모님과 함께 자원봉사 활동을 하러 다니는 곳이 있다고 했다. '청소년 쉼터'라는 곳인데, 주로 가출 청소년들이 함께 모여 생활하는 곳이라고 했다. 여기를 한 달에 한두 번 방문해서 인호 아버님은 합창 지도를, 인호 어머님은 기타 반주를, 인호는 그곳에서 지내는 청소년들과 함께 섞여 합창도 하고 부모님 심부름도 한다고 했다. 자주 다니면서 친해지게 된 또래 친구 몇몇이 있는데, 모두 학교 폭력과 관련된 일로 문제를 일으켰던 적이 있는 친구들이었다. 그런데 인호는 함께 노래하는 동안에 이 친구들한테서 폭력적인 그 어떤 면도 느낄 수 없었다고 말했다. 노래를 하다가 어떤 친구가 음이 틀리면 서로 일러 주고 격려하는 등, 서로에게 너무 친절하게 대했기 때문이다. 집으로 돌아가는 길에 어머니가 인호한테 이런 말씀을 해 주셨다고 한다. 이 친구들이 한때나마 폭력을 행사했던 원인은 잘못된 가정 교육, 학교 교육 탓이라고.

인호는 이 경험으로 중요한 것을 깨달았다고 했다. 폭력에서 벗어나게 하는 최선의 방법은 합창처럼 '함께 어울려 친하게 놀 수 있는 경험'이지 또 다른 폭력이 아니라고.

여러분은 인호의 말을 어떻게 생각하나요? 인호와 같은 생각을 하는 사람들은 폭력은 최후의 수단이 될 수는 있어도 최선의 수단은 아니라고 주장합니다. 폭력을 폭력으로 없애자는 철수의 제안은 과연 효과가 있을까요?

정당한 폭력은 있을 수 없다

폭력이란 다른 사람에게 신체적, 정신적 고통과 피해와 치욕을 안겨주는 행동으로서 우리 사회에서 마땅히 추방되어야 할 대표적인 악입니다. 인간의 존엄성을 근본부터 짓밟는 행동이 바로 폭력입니다. 그런 의미에서 '정당한 폭력'이란 있을 수 없습니다. 우리는 모두 폭력 없는 세

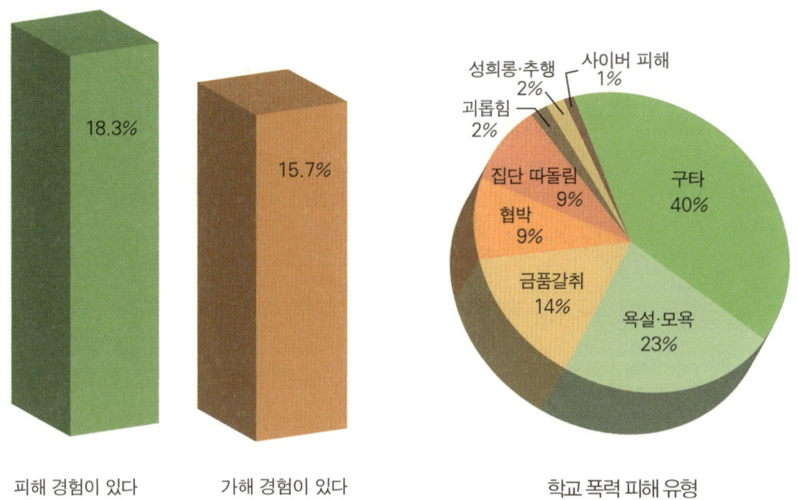

상을 꿈꿉니다. 그럼에도 불구하고 현실에서는 이런 저런 폭력을 목격하게 됩니다. 특히 학교 바깥 세상보다 학교 안에서 더 빈번히 폭력을 목격하게 된 오늘, 우리는 이렇게 된 근본 원인이 무엇인지에 관해 모두 머리를 맞대고 고민하지 않을 수 없습니다.

학교 폭력이 이토록 극심해지게 된 근본적인 원인은 무엇일까요? 그건 바로 문제와 갈등을 폭력적인 수단으로 해결하려는 태도에 있습니다. 잘못한 학생을 혼내기 전에 왜 그런 행동을 했는지 귀 기울여 들어보고 다시 그런 문제가 발생하지 않도록 환경을 바꿔 주는 대신 거친 말과 벌점, 체벌이 앞섭니다. 친구들 사이에서도 못마땅한 행동을 하는 친구가 있으면 배려와 공감보다는 욕설과 따돌리기가 우선이지요. 우리는 어떤 경우에도 폭력에 호소하지 말고 대화와 토론, 타협과 양보 같은 비

폭력적인 방법과 수단에 의해서 문제와 갈등을 해결하려고 노력해야 합니다. 특히 학교에서는 더더욱 그러해야 합니다.

영화를 보면 주인공이 정의를 수호한다는 목적으로 폭력을 사용하는 장면을 자주 보게 됩니다. 폭력을 미화하는 이런 영화에 영향을 받고 어떤 사람들은 일부 폭력은 불가피할 뿐 아니라 바람직하다고 주장하기도 합니다. 그래서 '건전 폭력 서클'이라는 멋진 이름으로 학교에서 일부 폭력을 사용해야 한다는 제안도 나왔을 것입니다.

그런데 일부의 폭력이라고는 해도 이렇게 폭력을 사용하는 일에 정당성을 부여하게 된다면 과연 어떻게 될까요? 폭력을 정당한 폭력과 부당한 폭력으로 나누어 바라본다고 학교 폭력이 추방될까요? 그렇지 않습니다. 오히려 정당한 폭력이라는 이름으로 폭력이 더 많이 더 자주 사용되어 학생들은 폭력에 더더욱 무감각해질 것이고, 조그만 문제와 갈등이 생겨도 폭력으로 해결하고 싶은 유혹을 느끼게 될 것입니다.

폭력을 정당한 폭력과 부당한 폭력으로 나눈 다음, 정당한 폭력 행사를 통해서 부당한 폭력 행사를 막자는 주장은 악을 악으로 되갚으려는 시도일 뿐입니다. "폭력에는 폭력으로 맞서는 게 좋다."는 신념은 위험합니다. 목적만 좋다면 수단은 아무래도 상관없다는 얘기나 마찬가지이기 때문입니다. 선한 목적은 오직 선한 수단에 의해서만 달성되어야 합니다.

공격을 이기는 힘, 측은지심

물론 인간의 본성 속에도 다른 동물들처럼 어느 정도 공격성이 도사리고 있습니다. 그리고 극히 일부지만 어떤 사람들은 이런 공격성을 함부로 폭력적인 행동으로 표출하는 것도 사실입니다. 그렇지만 이런 사례를 근거로 폭력을 옹호하려고 해서는 안 됩니다. 왜냐면 인간의 본성에는 공격성보다 더 강한 본성, 사랑하고 사랑받고 싶어하는 본성도 있기 때문입니다. 즉 인간에게는 '공격성'보다 더 강한 본성이 또 하나 있습니다. 그것을 맹자는 '측은지심'이라고 불렀습니다. 측은지심은 측은하게 여기는 마음, 가엾고 불쌍하게 여기는 마음입니다. 나와 아무 상관없는 사람이라도 그 사람이 곤경에 처하거나 상처를 입고 아파하는 모습을 보면, 우리는 누구나 동정심을 느끼고 도와주고 싶어합니다. 심지어 동물들한테도 그런 감정을 느낍니다.

인간도 다른 동물들처럼 공격성을 타고난다는 점은 인정합니다. 그러나 인간은 '생각하는 동물'이자 '측은지심'을 가진 존재라는 점에서 다른 동물과 다릅니다. 동물들은 생존에 필수적일 경우에는 무자비하게 잡아먹거나 공격합니다. 그렇지만 인간은 다릅니다. 인간은 측은한 마음이 들면 자기가 가진 것을 나눠 주고 손을 내밀어 도와주려고 합니다. 인간은 공격적인 본성을 얼마든지 동정심으로 바꿀 수 있습니다. 따라서 인간도 동물들처럼 공격성을 타고난다는 이유로, 우리 사회에서 '일부의 폭력은 정당하다'는 주장에 동의할 수 없습니다.

생각하는 동물, 측은지심을 가진 존재로서의 인간은 교육을 통해서 자신의 본성을 바람직한 방향으로 변화시킬 수 있는 능력을 지니고 있습니다. 누구나 좋은 교육을 받는다면 폭력에서 벗어날 수 있습니다. 공격성을 드러냈을 때 어떤 결과가 생길지 미리 생각해 보는 훈련만으로도 폭력적인 행동을 자제할 수 있습니다. 인간이라면 누구나 다른 사람과 입장을 바꿔 생각할 수 있습니다. 다른 사람을 이해하고 공감할 수

●●●●●● 맹자
맹자(BC 372?~BC 289?)는 중국 전국시대의 유교 사상가로, 인간의 천성은 선하며 이 착한 본성을 지키고 가다듬는 것이 도덕적인 책무임을 주장했다.

있는 능력이 있는 거지요. 게다가 이런 능력은 기르면 기를수록 더 잘 발휘할 수 있습니다. 비폭력적인 가정 교육과 학교 교육을 받으며 성장한 사람은 폭력적 성향을 드러내지 않습니다. 지금 학교 폭력의 가해자인 학생들은 폭력적인 양육 방식, 교육 방식, 문화에 노출되어서 그런 행동과 태도를 갖게 된 것입니다. 그런데도 이런 근본적인 원인을 반성해 보지 않고 그냥 드러난 행동에 대해서만 응징하려고만 든다면 일시적인 효과는 볼지 몰라도 근본적인 해결은 불가능하지요. 결국 문제는 "어떤 양육 방식, 어떤 교육, 어떤 문화를 발전시켜 갈 것인가?"입니다.

지금 우리가 살고 있는 사회는 폭력에 대해서 너무 관대합니다. 어린이와 청소년들은 폭력을 사용해서 갈등을 해결하는 주인공을 미화하는

뱅크시, 〈꽃을 투척하는 사람〉, 2000

영화, 게임, 만화, 소설에 열광하고 있습니다. 그리고 정치적으로도 사회적 갈등을 대화와 양보로 해결하지 못하고 힘으로 맞서서 상대방을 제압하려는 모습들이 매일 신문과 방송에 나옵니다. 지금 우리가 사는 세상은 경쟁심을 발휘할수록 이익을 얻고 협동심·배려심·공감능력을 발휘할수록 손해를 보는 제도와 문화가 지배하는 사회이지요.

더구나 우리 사회는 특히 청소년들의 스트레스가 극심한 사회입니다. 학교에서, 학원에서, 집에서 끊임없이 "공부를 못하면, 좋은 대학에 가지 못하면 평생 마이너 리그에서 살아야 한다."는 불안감을 주입시킵니다. 이런 상황에서 스스로 많이 뒤처졌다고 느끼는 친구들은 무의식적으로 자신의 존재를 인정받을 방법으로 폭력을 선택하게 되지요.

생각해 보세요. 우리는 누구나 '다른 사람들로부터 좋은 사람이라고 인정받고 싶은 욕망'을 가지고 있습니다. 인간은 '사회적 동물'이기 때문입니다. 그런데 사람들은 공부를 잘하는 친구들만 인정하고 다른 소질과 특기를 가진 친구들은 별로 인정해 주지 않습니다. 소수의 학생들만을 위해 다수의 학생들은 들러리 역할을 하고 있지요. 피라미드의 꼭짓점에 올라선 학생을 뺀 그 밑에 놓인 나머지 학생들은 열등감과 패배감을 느낄 수밖에 없습니다. 1등급, 1퍼센트만 인정하는 세상에서 학생들은 집에서도 학교에서도 인정받지 못합니다. 그러니 폭력적인 행동으로라도 인정받고 싶어합니다. 싸움으로 일등부터 꼴등까지 서열을 매겨 일진이 되려고 하지요. 우리는 사회와 학교에서 피라미드를 무너뜨려야 합니다. 한 줄로 세우는 대신 여러 줄로 세워서 좀 더 많은 학생들이 인정받을 수 있게 만들고 1퍼센트의 사람들만 행복한 사회가 아니라 나머지 99퍼센트의 사람들도 행복한 사회가 되도록 노력해야 합니다. "폭력은 어쩔 수 없다.", "폭력은 폭력으로만 막아야 한다."는 말 대신 학교와 사회를 바꾸기 위해 지혜를 모으는 것이 우선이 되어야 합니다.

학교 폭력을 추방하기 위해 약간이라도 폭력적 수단이 필요할까요? 그렇지 않습니다. 세상에는 전혀 폭력을 쓰지 않고 단 한 사람도 소외시키지 않으며 평화롭게 생활하는 종교적 공동체들이 여럿 존재합니다. 또 어떠한 폭력적 수단도 사용하지 않고서 '학교 폭력 제로'를 실현한 학교들도 분명히 있지요. 어떤 교실에서는 자신이 따돌림당한 경험과 누군가를 따돌린 경험을 글로 적어 반 친구들 모두가 돌아가면서 발표하는 시간을 가지는 것만으로 왕따 문제를 해결하기도 합니다.

엘 시스테마El Sistema라는 말을 들어본 적이 있나요? 바로 베네수엘라에서 시작된 무상 음악 교육 프로그램입니다. 베네수엘라는 청소년들의 폭력과 범죄로 골머리를 앓던 나라였습니다. 1975년, 경제학자이자 아마추어 음악가였던 호세 안토니오 아브레우라가 빈민가의 차고에서 가난한 동네 청소년 11명을 모아 오케스트라를 만들었습니다. 보통 사람들은 문제를 일삼는 청소년들을 혼내거나 경찰서와 소년원으로 보내 버리지요. 그러나 호세는 청소년들을 둘러싼 폭력적인 문화가 바로 청소년 범죄의 근본적인 뿌리라고 생각했습니다. 때문에 아이들이 음악의 아름다운 세계를 경험하게 되면 "아, 이런 세계도 있구나!"라고 깨닫고 과거와는 다른 선택을 할 거라고 믿었습니다. 예상은 적중했습니다. 마약, 폭력, 포르노, 총기 사고 등등 범죄의 세계에 먼저 노출되어 세상이란 어차피 그런 거라고 생각하던 청소년들이 폭력이 전혀 없는 아름다운 세상이 가능하다는 것을 체험하면서 조금씩 행동이 변했던 것입니다. 엘 시스테마는 베네수엘라뿐 아니라 세계 곳곳으로 퍼져 나가 청소년 범죄를 줄이는 데 도움을 주고 있습니다.

우리는 폭력적 수단에 호소하기 전에 이런 창의적인 생각들을 먼저

폭력과 범죄에 노출된 아이들을 위한 오케스트라 프로그램인 '엘 시스테마'에 참여하는 청소년들.

실험해 보아야 합니다. 우리나라의 한 도시에서 '학교 폭력 제로'를 외치며 다음과 같이 적힌 피켓을 들고 거리 행진을 했다고 합니다.

1. 나는 친구를 사랑한다.
2. 친구는 나의 또 다른 모습이다.
3. 나는 친구의 고통을 모른 척하지 않는다.
4. 폭력은 우리의 미래를 망칠 수도 있다.
5. 우리에겐 폭력을 막을 수 있는 용기가 있다.
6. 누구나 즐거운 학교생활을 할 권리가 있다.
7. 우리 모두가 주인공이다.

어떤가요? "나는 친구를 사랑한다."라는 고백이 쑥스럽게 여겨진다고요? 왜 우리는 이런 말을 부끄럽게 여기는 문화를 만들었을까요? 학교 폭력을 없애려면 바로 이 질문에 대답해야 합니다. 건전 폭력 서클을 만들어 불량 폭력 서클을 제압하자는 제안은 위험하고 무책임한 방법입니다. 잠깐 효과를 볼 수는 있겠지만 결국 폭력은 언제나 더 큰 폭력을 불러올 뿐입니다. 힘이 더 들고 효과도 더딜지라도 집과 학교에서 폭력을 혐오하고 서로 사랑한다고 말할 수 있는 세상을 만들어야 폭력을 없앨 수 있는 것입니다.

입장 정하기

● 다음 쟁점에 대하여 자신의 입장을 정하고 근거를 제시해 봅시다.

> **쟁점 ❶** | 인간의 공격성은 없앨 수 없다.

입장 :

근거 :

> **쟁점 ❷** | 목적이 정당하다면 폭력을 사용해도 된다.

입장 :

근거 :

> **쟁점 ❸** | 경찰과 같은 정당한 폭력이 없으면 사회가 유지될 수 없다.

입장 :

근거 :

● 로빈 후드나 홍길동은 가난한 사람들을 위해 부자들을 괴롭힙니다. 안중근 의사와 윤봉길 의사는 큰 뜻을 펼치기 위해 테러라는 수단을 사용했지요. 영화에 등장하는 스파이더맨과 배트맨 역시 악의 무리를 제압하기 위해 맞서 싸웁니다. 이들의 행동을 폭력이라고 단정 지을 수 있을까요?

착한 사마리아인 법

여러분은 누군가 괴롭힘을 당하는 현장을 목격하고도 그냥 지나친 적이 있나요? 혹시 폭력을 목격하고도 그냥 못 본 척 '침묵하는 다수'가 폭력 문제를 더 심하게 만드는 원인은 아닐까요? 다음 글을 읽고 여러분의 마음속을 들여다봅시다.

벌금 내기 싫으면 도와주시오

착한 사마리아인 법이라는 것이 있습니다. 강도를 만나 죽게 된 사람을 모든 사람들이 그냥 지나쳤으나 한 사마리아인이 그를 도와 목숨을 구했다는 성경 속 이야기에서 이름을 가져온 법으로 위험에 빠진 사람을 도와주지 않는 사람을 처벌하는 법입니다. 프랑스 형법에는 '위험에 처한 사람을 구해 주어도 자기가 위험에 빠지지 않음에도 불구하고 구조하지 않는 사람을 처벌한다.'라는 규정이 있습니다. 누군가 길거리에서 강도를 당해 목숨이 위험한데도 사람들이 구조하거나 신고하지 않으면 벌금을 물리거나 처벌하는 법으로 '사랑 조항'이라고도 불립니다. 우리나라는 아직 채택하고 있지 않으며, 목숨이 위험한 사람에게 응급조치를 하다가 혹시 재산이나 신체에 손해를 입힐 경우 처벌을 감면해 주는 조항만 있지요.

거기 누구 없나요?

미국의 제노비스 법도 착한 사마리아인 법과 비슷합니다. 1964년, 뉴욕에서 한

밤중에 제노비스라는 여성이 자신의 동네에서 칼에 찔렸습니다. 그녀가 도와달라고 소리치자 많은 사람들의 집에 불이 켜졌습니다. 범인은 잠시 달아났지만 불빛이 꺼지고 거리가 조용해지자 다시 제노비스를 공격했습니다. 제노비스는 다시 비명을 질렀고, 아파트엔 또다시 불이 켜졌습니다. 그런데 밖으로 나와 도와주기는커녕 신고를 한 사람조차 없었습니다. 제노비스는 결국 살해당했지요. 그날 범행을 목격한 사람은 38명이나 되었습니다. 다음날 이 소식을 접한 사람들은 경악을 금치 못했고, 위험에 처한 사람을 구조할 수 있는데도 도움을 주지 않은 사람을 처벌할 수 있는 법이 만들어졌습니다.

사람이 많을수록 돕지 않는다

양심과 도덕을 가진 사람이라면 마땅히 폭행을 당하는 사람, 죽어 가는 사람을 도와야 하는데 아무도 돕지 않자, 결국 도와주지 않는 사람을 처벌하는 법까지 만들어 집니다. 굉장히 슬픈 일입니다.

그런데 제노비스 사건을 분석한 심리학자 달리와 라타네는 뜻밖의 발견을 했습니다. 사건을 목격한 사람이 많으면 많을수록 오히려 책임감을 덜 느껴 더 쉽게 외면해 버린다는 사실입니다. 더구나 가만히 있는 사람들이 많으면 많을수록 다른 사람들이 자기를 이상하게 생각할까 봐 더 행동에 나서지 못한다는 사실도 밝혀냈지요. 이런 심리 상태를 '방관자 효과' 라고 합니다.

또 다른 심리학자 로렌 슬레이터는 인간이란 우리가 생각하는 것보다 훨씬 어리석고 나약한 존재이므로, 남의 눈을 의식하지 않고 위험에 빠진 사람을 돕기 위해서는 책임감을 갖고 행동하는 훈련을 꼭 해야 한다고 말합니다. 남을 돕는 일에도 몸과 마음의 훈련이 필요합니다. 도움의 손길을 내밀지 않는다고 비난하는 대신 함께 손을 내미는 법을 연습해야 하는 것입니다.

● 참고자료

학교를 꼭 다녀야 할까?

이한, 『학교를 넘어서』, 민들레, 2010

마거릿 미드, 『사모아의 청소년』, 한길사, 2008

고글리, 『로드스쿨러』, 또하나의문화, 2009

알렉산더 수더랜드 니일, 『서머힐』, 연암사, 2003

민들레 편집실, 『대안학교 길라잡이』, 민들레, 2010

김해완 『다른 십대의 탄생』, 그린비, 2011

좋아하는 과목만 공부하면 안 될까?

디트리히 슈바이츠, 『사람이 알아야 할 모든 것, 교양』, 들녘, 2003

푸페이룽, 『장자 교양 강의』, 돌베개, 2011

최재천, 『통섭의 식탁』, 명진출판사, 2011

이미혜, 『예술의 사회경제사』, 열린책들, 2012

이택광, 『중세의 가을에서 거닐다』, 아트북스, 2008

헤르만 헤세, 『수레바퀴 아래서』, 민음사, 1997

베르나르 베르베르, 『개미 1~4』, 열린책들, 2001-2010

이한길, 「교과서의 변천사」, 〈중앙일보〉, 2012. 2. 29.

시험을 꼭 봐야 할까?

곽수현, 『핀란드 교육 혁명』, 살림터, 2010

에르게 아호, 『핀란드 교육 보고서』, 한울림, 2010

박성숙, 『꼴찌도 행복한 교실』, 21북스, 2010

김상곤, 『행복한 학교 유쾌한 교육 혁신을 말하다』, 시대의창, 2011

원호연, 『공부의 달인』, EBS미디어센터, 2009

에스엠픽쳐스 제작, 〈이것이 미래교육이다〉, 큐채널, 2007

MBC프로덕션 제작, 〈열다섯 살, 꿈의 교실〉, 2008

EBS 제작, 〈학교란 무엇인가〉, 2011

우리에겐 어떤 선생님이 필요할까?

피터즈, 『윤리학과 교육』, 교육과학사, 1980

비상아이비츠, 「선호도 및 세대 차이 설문조사」, 비상교육, 2011

미즈타니 오사무, 『얘들아, 너희가 나쁜 게 아니야』, 에이지21, 2005

A. S. 닐, 『교육은 권위적이어야만 하는가』, 이문출판사, 1982

오귀환, 「헬렌 켈러의 아름다운 투쟁」, 〈한겨레21〉, 제548호

남녀 합반이 좋을까 남녀 분반이 좋을까?

한국여성정책연구원, 「남녀공학 중등학교에서의 성별 교육실태와 향후과제」, 2009

레너드 삭스, 『남자아이, 여자아이』, 아침이슬, 2007

곽삼근, 『여성주의 교육학: 학습 리더십의 출현과 그 의미』, 이화여자대학교 출판부, 2008

엘리슨 M. 재거, 『여성주의 철학 2』, 서광사, 2005

박상준, 「남녀 합반하면 남학생 성적 '뚝'」, 〈한국일보〉, 2005. 05. 30.

신수정, 「동성끼리 밥 먹으면 적절한 식습관에 도움」, 〈헤럴드경제〉, 2011. 03. 12.

성정은, 오주연, 「학교서도 '알파걸' 기세 등등」, 〈아시아 경제〉, 2011. 03. 08.

디지털뉴스팀, 「여학생만 있는 교실, 남녀합반보다 성적 좋다」, 〈경향신문〉, 2011. 12. 28.

최효찬, 「'눈의 미학'에서 본 남녀합반」, 〈매일신문〉, 2008. 07. 29.

학생은 생활 지도를 받아야만 할까?

미셸 옹프레, 『원숭이는 왜 철학교사가 될 수 없을까』, 모티브북, 2005

버트런드 러셀, 『게으름에 대한 찬양』, 사회평론, 2005

존 스튜어트 밀, 『자유론』, 책세상, 2005

이문열, 『우리들의 일그러진 영웅』, 민음사, 2005

강형철 감독, 〈써니〉, 2011

박종원 감독, 〈우리들의 일그러진 영웅〉, 1992

김형수, 「머리 길다고 등교를 막아? 그곳에선 잘릴 수 있다」, 〈오마이뉴스〉, 2011. 03. 07.

폭력 학생을 힘으로 막는 동아리가 생긴다면?

황석영, 『아우를 위하여』, 다림, 2002

헨리 데이비드 소로, 『월든』, 은행나무, 2011

마하트마 간디, 『간디 자서전』, 한길사, 2002

마이클 샌델, 『정의란 무엇인가?』, 김영사, 2010

콘라트 로렌츠, 『공격성에 관하여』, 이화여자대학출판부, 1989

데이비드 월쉬, 『우리의 10대들은 도대체 왜 그럴까』, 국제평화대학원대학교출판부, 2006

프랜 펀리, 『폭력은 침묵 속에 전염된다』, 아일랜드, 2012

중학생토론학교 교육과 청소년

초판 1쇄 펴낸날　2012년 9월 6일
초판 9쇄 펴낸날　2022년 8월 31일

지은이　한국철학교육원
펴낸이　홍지연

편집　홍소연 고영완 전희선 조어진 서경민
일러스트　최민지
디자인　전나리 박해연
마케팅　강점원 최은 이희연
경영지원　정상희

펴낸곳　㈜우리학교
출판등록　제313-2009-26호(2009년 1월 5일)
주소　03992 서울시 마포구 동교로23길 32 2층
전화　02-6012-6094
팩스　02-6012-6092
홈페이지　www.woorischool.co.kr
이메일　woorischool@naver.com

ⓒ한국철학교육원, 2012
ISBN 978-89-94103-42-6 44300
　　　978-89-94103-39-6 (세트)